불 없이 뚝딱!

전자레인지만 있으면

내가 셰프

불 없이 뚝딱!

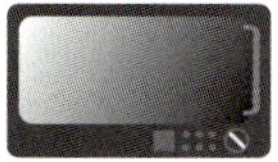

전자레인지만 있으면

내가셰프

귀차니셰프 지음

불 없이 뚝딱!
전자레인지만 있으면 내가셰프

초판 1쇄 인쇄 2016년 2월 26일
초판 1쇄 발행 2016년 3월 10일

지은이 귀차니셰프
펴낸이 임충배
디자인 이지윤
제작 (주)피앤엠123
펴낸곳 도서출판 삼육오 (PUB.365)

출판신고 2014년 4월 3일
등록번호 제406-2014-000035호

경기도 파주시 산남로 183-25
TEL (031)946-3196 FAX (031)946-3171
홈페이지 www.pub365.co.kr

ISBN 979-11-86533-21-5 13590

이 도서의 국립중앙도서관 출판예정도서목록(CIP)은 서지정보유통지원시스템 홈페이지(http://seoji.nl.go.kr)와 국가자료공동목록시스템(http://www.nl.go.kr/kolisnet)에서 이용하실 수 있습니다. (CIP제어번호: CIP2016004651)

귀차니셰프 방송출연

KBS 무엇이든 물어보세요

MBC 생방송 오늘아침 ON AIR

MBN 천기누설

2015년 8월 3일

KBS1 [무엇이든 물어 보세요]

오늘아침
MBC VOD
남은 명절음식의 맛있는 변신~!

MBC VOD
김미란
동그랑땡뿐만 아니라 동태전이나 삼색 꼬치전 같은 것도
같이 다져서 (피자 위에) 올리면 정말 맛있어요
《별별! 생활랭킹》
명절 마무리는 이렇게 Top 3
남은 가래떡이 피자로?

2015년 2월 23일

MBC [생방송 오늘아침]

귀차니 셰프의 글

나에게 요리란?

"번거롭고, 귀찮고, 복잡하고, 어려운 게 요리!"

나에게 한 끼 식사란?

"맛과 영양을 함께 챙기면서 먹는다는 건 어려워…… 대충 한 끼 때우면 되는 거 아닌가? 요즘이 어떤 시대인데 혼자 살면서 아침에 밥을 챙겨 먹고 다녀? 그럴 시간에 잠이나 더 자지!"

이렇듯…… 요리란 번거롭고, 귀찮은 것!
하지만 쉽고 간단하게 할 방법을 안다면 요리란 결코 어렵다는 고민이 조금은 사라지지 않을까?

요즘은 1인 가구가 늘면서 서로 뜻이 맞는 사람들과 어울리며 자기발전을 위해 사는 싱글족이 많다. 그들은 바쁜 현대를 살아가면서 하는 일도 많은데 집에서 밥까지 해먹기란 시간도 없고, 귀찮고…… 이런 것들을 모두 포기하고 간단히 바깥음식으로 대신하기도 했다.

그런 싱글족이나 자취생, 가족들과 어쩔 수 없이 떨어져 살아야 하는 기러기 아빠, 워킹맘, 초보주부에게 맛과 영양도 챙기면서 주변에서 쉽게 구할 수 있는 재료를 활용한 초간단 레시피로 쉽고, 간편하고, 다양하게 만들 수 있는 전자레인지 요리 레시피를 제공하고 싶다.

음식은 불에서 꼭 해야 한다는 격식을 파괴하고 자취생활 15년의 경험에서 만들어진 전자레인지 요리이다. 전자레인지를 이용하여 요리한다는 개념의 레시피를 힘닿는 데까지 공개하고 싶다.
발상의 전환, 전자레인지에서도 요리할 수 있다는 생각을 한 번만 해본다면 정말로 많은 생활의 편의뿐 아니라 건강까지 챙길 수 있게 될 것이다.

CONTENTS

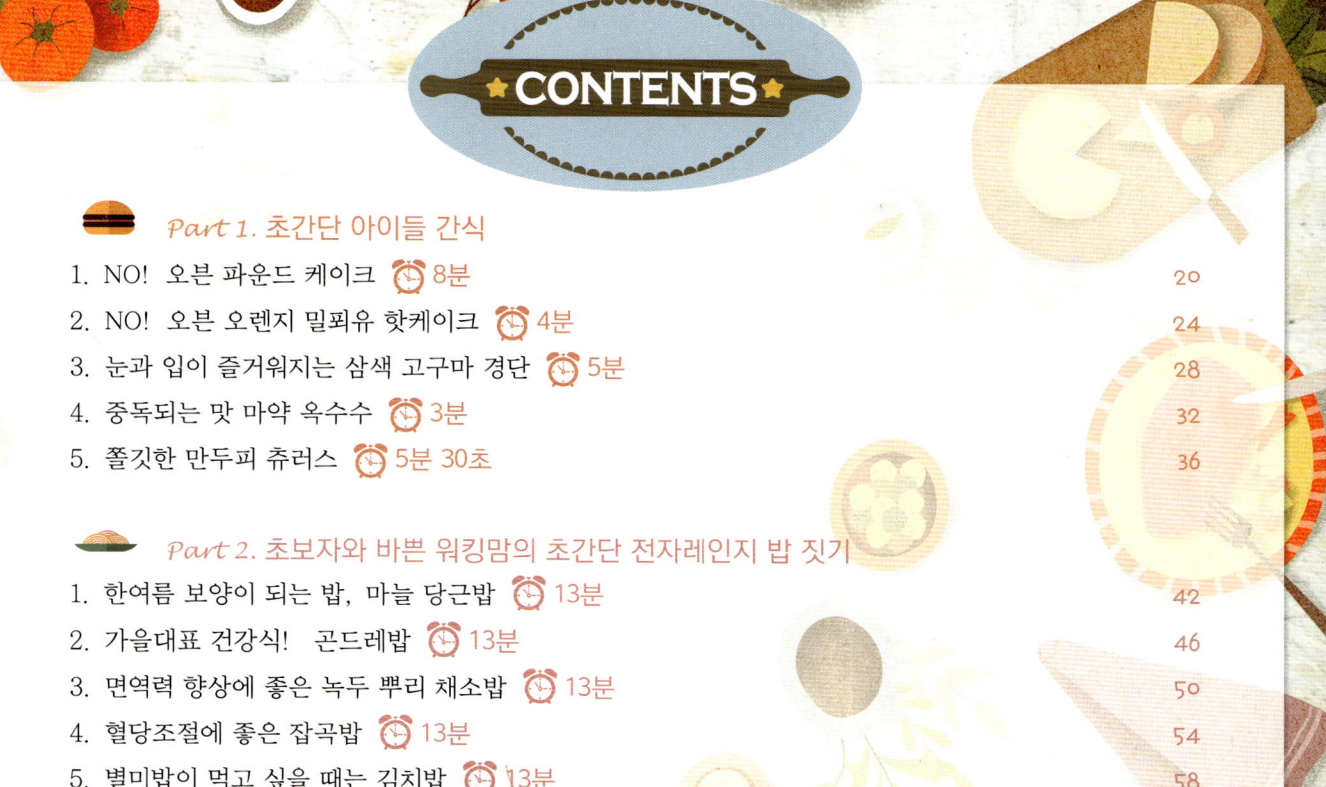

CONTENTS

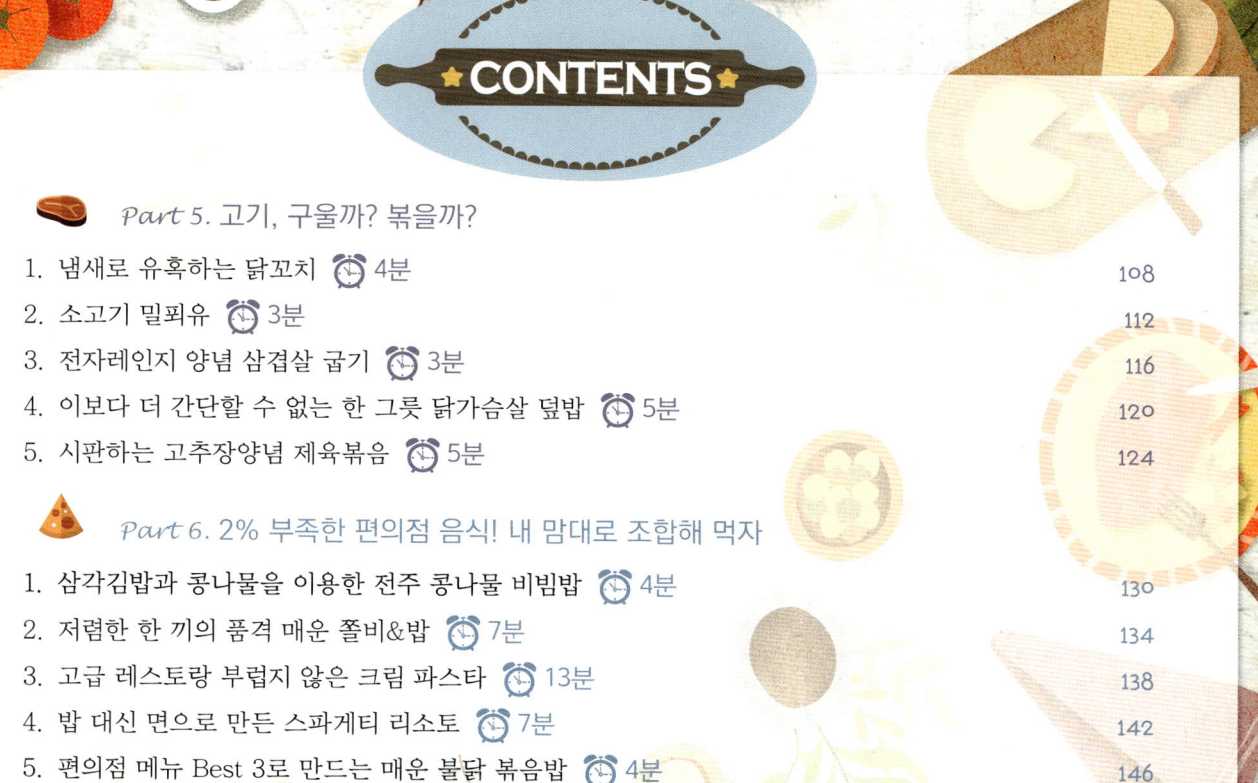

Part 7. 양념과 조리를 동시에, 초간단 전자레인지 밑반찬 만들기

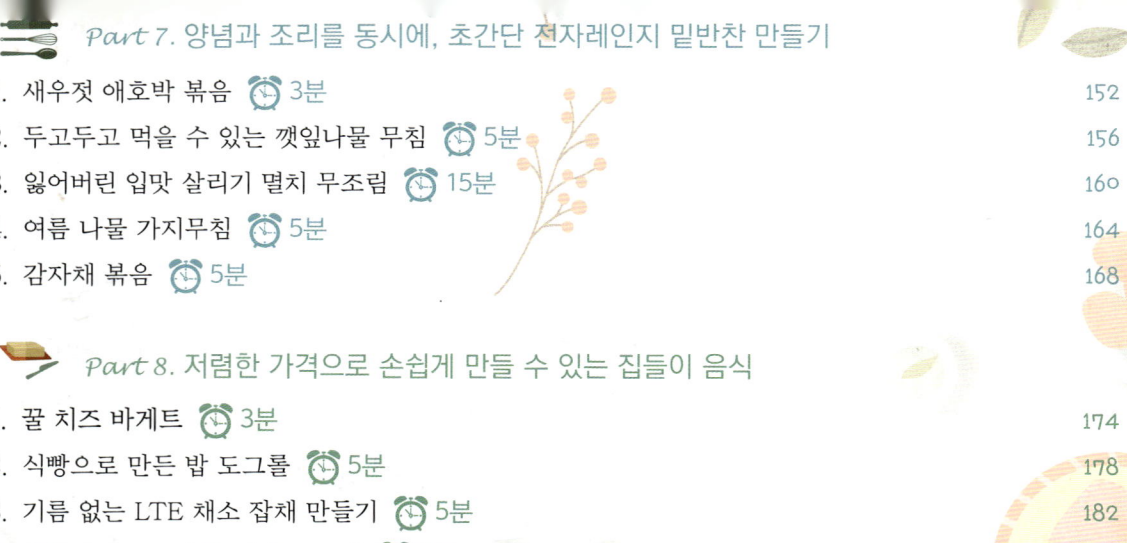

Part 8. 저렴한 가격으로 손쉽게 만들 수 있는 집들이 음식

CONTENTS

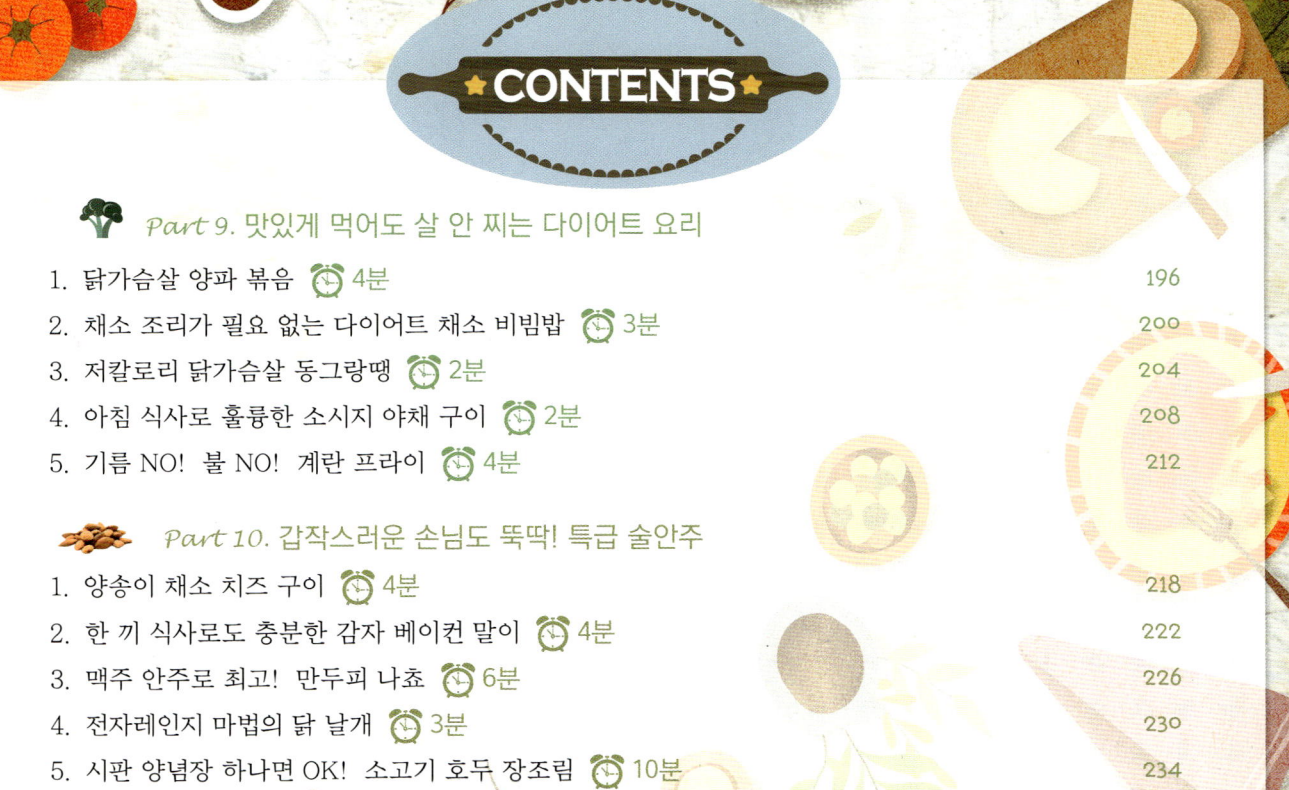

1. 쑥갓 2분 (100g 기준)
2. 콩나물 3분 (200g 기준)
3. 부추 1분 30초 (100g 기준)
4. 시금치 3분 (105g 기준)
5. 브로콜리 2분 (200g 기준)
6. 배춧잎 7분 (1통 기준)
7. 양배추 4분 (1/4통 기준)
8. 가지 4분 (2개 기준)
9. 숙주 5분 (1봉지 기준)
10. 청경채 2분 (4포기 기준)

* 〈내가셰프〉 모든 요리는 전자레인지 700W 기준이며,
사용하시는 전자레인지 뒷면을 꼭 확인해 주세요.

전자레인지 사용방법과 사용 시 주의해야 할 점

누구라도 간단히 사용할 수 있는 전자레인지이지만 안전하고 정확하게 사용하기 위해선 주의해야 할 몇 가지가 있답니다.

집에 있는 전자레인지의 와트 수 확인과 전자레인지에 넣어야 할 재료와 넣지 말아야 할 재료, 전자레인지에서 사용이 가능한 전자레인지용 그릇인지 아닌지를 확인해야 합니다.

일반적으로 가정용 전자레인지는 700~900W지만 편의점이나 대형식당에 있는 전자레인지는 1,000~1,200W로 와트 수가 매우 높답니다. 와트 수가 높은 전자레인지는 전달 열량이 높아 조리시간이 단축되긴 하나, 와트 수에 맞지 않게 조리시간을 늘린다면 타거나 끓어 넘치는 경우가 있어요. 그러니 나에게 있는 전자레인지 와트 수를 꼭 확인해야 합니다.

2 누구나 쉽고 간단하게 사용하는 전자레인지이지만 **가열 시 주의**하지 않으면 안 되는 **식재료**가 있답니다.

날달걀, 삶은 달걀, 삶아 껍질을 깐 달걀 등 겉이 껍질로 싸여 있어 전자레인지에서 가열하면 내부가 팽창하여 터지게 됩니다.

그러므로 날달걀은 껍질에서 분리해 노른자에 구멍을 뚫은 후 가열을 하고 삶은 달걀은 껍질을 벗겨 칼집을 내어 전자레인지에 가열해야 합니다. 막으로 싸여 있는 비엔나 소시지도 역시 그대로 가열하면 터질 위험이 있어 칼집을 내어 조리하는 등 주의해야 합니다.

그 외 오징어, 새우, 햇반, 은행, 밤 등 칼집을 내어 주어 조리해야 합니다.

3 **전자레인지에서 데운 물**에 커피와 같은 다른 이물질을 넣게 되면 얼굴이나 손에 **화상**을 입을 수 있어요.

물이 전자레인지에서 가열된 물은 100°C 이상 과열된 상태이기 때문에 바로 꺼내어 커피 또는 아기 분유 같은 이물질을 바로 넣게 되면 갑자기 기포가 생성되기 시작하는데요, 생성되기 시작한 기포는 매우 폭발력이 강하여 끓어 넘칠 수 있어요.

전자레인지에서 데운 물에 커피와 같은 다른 이물질을 넣을 때는 전자레인지 종료 후 30초 정도 기다린 후 컵을 꺼내어 될 수 있는 한 얼굴이나 손에서 멀리 닿게 해 주세요.

4 **은박지**나 **알루미늄 포일** 등의 금속재는 전자레인지에 **절대** 사용해서는 안 됩니다.
원래 마이크로파는 공기, 유리, 종이, 세라믹 등은 잘 통과하고 식품이나 물에는 흡수되는 성질을 가지고 있답니다. 하지만 금속은 통과하지 못하고 거울처럼 반사되기에 반사된 마이크로파에서 불꽃이 일어나 이로 인해 화재가 발생할 수 있습니다.

5 반드시 **전자레인지 그릇**을 사용해야 합니다.
전자레인지에서의 조리는 완성되는 대로 그대로 식탁에 올려도 되니 정말 편하죠.
그러나 식탁에서의 모양만 중시하여 전자레인지에서 사용할 수 없는 그릇을 사용한다면 그릇이 깨지거나, 금이 가며 불꽃이 일어날 수 있어요. 또한, 전자레인지 전용 그릇이긴 하지만 그릇에 흠이 있는 것은 열기가 흩어지거나 금이 간 틈이 더 커질 가능성이 있으므로 사용하지 말아야 합니다.
전자레인지에서는 꼭 전자레인지 전용 그릇이나, 내열유리, 내열플라스틱을 꼭 사용하세요.

사용하지 말아야 할 그릇

내열성이 없는 유리그릇, 내열성이 없는 플라스틱, 금이나 은장식이 들어간 그릇, 스테인리스, 나무그릇, 니스칠 그릇 등이 있으므로 반드시 확인하고 사용해야 합니다.

랩

가정에서 많이 쓰는 PVC 소재의 랩은 고온의 음식이 랩에 닿게 되면 환경호르몬인 프탈레이트가 발생합니다. 특히 삼겹살은 동물성 지방이기 때문에 랩에 닿게 되면 랩이 탈 수도 있으니 고기를 전자레인지에서 조리할 경우엔 친환경 종이 포일을 사용하는 게 제일 좋습니다.

6 전자레인지 쉽게 청소 방법

남은 맥주가 있다면 버리지 말고 전자레인지 그릇에 붓고 전자레인지에서 2분간 가열하면 힘들지 않게 전자레인지의 기름때를 제거할 수 있어요.

자투리 레몬을 얇게 썰어 전자레인지 그릇에 담고 레몬이 잠길 정도의 물을 부어 줍니다. 전자레인지에서 3~4분 가열해 주거나, 레몬이 없을 때는 전자레인지 그릇에 식초 5큰술을 넣고 생수 한 컵 또는 반 컵을 넣고 가열해 줍니다. 가열되면서 수증기가 맺혀 전자레인지 안에 묵은 때를 불려주면서 냄새 제거 역할을 합니다. 전자레인지의 뚜껑 열기고 전자레인지 받침대 꺼내어 부드러운 천으로 닦아 줍니다. 전자레인지 내부도 부드러운 행주로 닦아 주고, 물기가 남아 있을지 모르니 마른 키친타월로 한 번 더 닦아주면 전자레인지 청소 끝!

ㄱ 전자레인지 활용 TIP

통마늘 까기
통마늘 뿌리 부분을 잘라 전자레인지에 넣은 후 40초~1분 정도 돌려주어 꺼낸 후 윗부분을 쥐고 쭉 밀어주면 마늘이 한꺼번에 우수수 떨어집니다.

오래된 빵 촉촉하게 하기
냉동실에 오래 보관해 퍼석해진 빵은 젖은 키친타월로 빵을 감싸고 전자레인지에서 10초~20초 가열하면 적당히 촉촉해진답니다.

딸기잼 만들기
꼭지를 뗀 딸기를 깨끗이 씻은 다음 딸기 150g 기준 설탕 80g과 레몬즙을 넣고 8분 정도 가열하면 달콤한 딸기잼 완성!

양념장 만들기
혼합한 양념장을 전자레인지에 가열하면 시간이 훨씬 단축된답니다.

눅눅해진 김 바삭하게 할 때
눅눅해진 김은 서류봉투에 넣고 전자레인지에서 2분간 가열하면 훨씬 바삭해집니다.

어묵 기름기 제거
전자레인지 그릇에 어묵을 넣고 30초 정도 가열 후 꺼내어 물에 씻어내면 기름기가 제거된답니다.

마침 불려 놓은 콩이 없을 때

전자레인지 그릇에 콩과 물을 붓고 전자레인지에서 8분 정도 가열하면 오랫동안 물에 불린 것 같은 효과를 볼 수 있어요.

토마토 껍질 쉽게 벗기기

토마토에 칼집을 넣고 전자레인지에 넣어 2분 정도 가열해 주면 아주 쉽게 토마토 껍질을 벗길 수 있어요. 끓는 물에 데쳐 벗겨도 좋지만, 전자레인지가 더 간편하고 쉽겠지요?

두부 물기 빼기

급하게 두부 조림이나 부침을 할 때 두부를 전자레인지 그릇에 담고 랩을 씌운 후 전자레인지에서 4분 정도 가열하면 살균 효과와 함께 두부의 물기를 뺄 수 있답니다.

버섯을 불릴 때

마른 표고버섯처럼 건조된 것을 살짝 불려야 할 때 밑동을 떼어내고 물에 담근 상태에서 전자레인지에 3분 정도 가열해 줍니다. 빠른 시간에 표고버섯이 말랑말랑해져요. 그 외 잡채에 들어가는 목이버섯도 활용 가능합니다.

찹쌀풀 만들기

많은 양의 김치 담글 때 사용하는 찹쌀풀은 냄비에 쑤는 경우도 있지만, 양이 적은 찹쌀풀은 전자레인지 그릇에 물과 찹쌀가루를 넣고 뭉치지 않게 잘 섞은 후 전자레인지에서 30초~1분 정도 가열하면 쉽게 찹쌀풀을 만들 수 있어요.

PART 1

초간단 아이들 간식

엄마들의 또 하나의 고민은
방학시즌이 시작되면 '아이들의 간식으로 무엇을 만들어 주어야 하나 ……'하는 엄마들이 많다.

밖에서 사 온 인스턴트 간식보다는 집에서 직접 만들어 먹이고 싶은 게 부모들의 마음일 것이다.

홈메이드 간식의 장점이 여러 가지 있지만, 무엇보다 직접 고른 재료로 쉽게 만들 수 있기 때문이다.
아이들이 좋아하는 채소나 고기를 올려 맛있는 홈메이드 간식을 만들어 보자.

요즘엔 간식도 집에서 손쉽게 만들 수 있도록 만들어져 나오는 제품들이 많이 있지만,
가끔은 엄마가 만들어 차려주는 특별한 간식거리는 친구들의 부러움을 사고 아이의 어깨를 으쓱하게
만들어 준다.

NO! 오븐 파운드케이크 만들기 8분

파운드케이크 만들기

파운드케이크(Pound Cake)는 북유럽에서 18세기 처음 개발된 케이크로 밀가루, 계란, 버터, 설탕을 각각 1파운드씩 담았다는데서 이름이 유래 되었다고 한다.
시판하는 파운드케이크 믹스를 이용해 원하는 재료를 넣고 전자레인지에서 간단하게 만들 수 있는 파운드케이크는 건포도가 들어가 씹을 때마다 쫄깃거리는 식감과 아몬드의 바삭함, 버터의 고소한 풍미를 그대로 느낄 수 있으며, 번거롭게 따로 반죽할 필요 없이, 전자레인지에서 금방 만들 수 있어 매우 편리하다.

INGREDIENTs

파운드케이크 믹스 250g

계란 2개

버터 또는 식용유 70g

우유 40g

건포도

아몬드

RECIPE

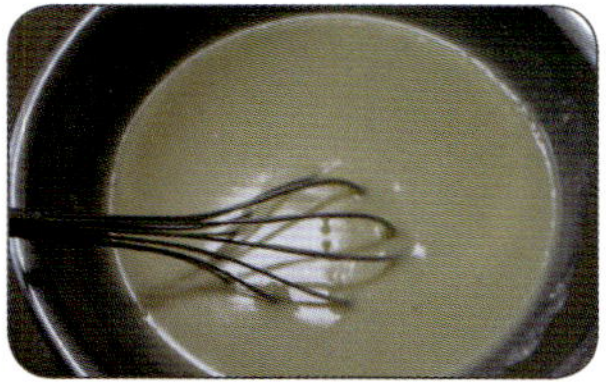

❶ 먼저 종이호일을 전자레인지 그릇에 맞게 틀을 만든다.

❷ 건포도는 준비해 놓은 우유에 ⏰ 30분 정도 살짝 담가 부드럽게 만들어 준다.

❸ 볼에 케이크 가루와 불린 건포도, 계란 2개, 버터를 넣고 골고루 ⏰ 2~3분간 저어 준다.

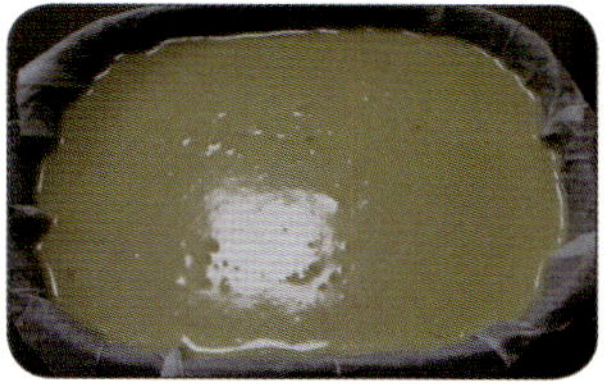

❹ 만들어 놓은 전자레인지 그릇 틀에 2/3보다 조금 더 부어 준다.

❺ 반죽 위에 아몬드를 뿌리고 전자레인지에서 ⏰ 8분 가열해 준다.

❻ 적당한 크기로 잘라 완성한다.

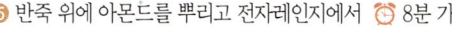

★ 파운드케이크 완성 ★

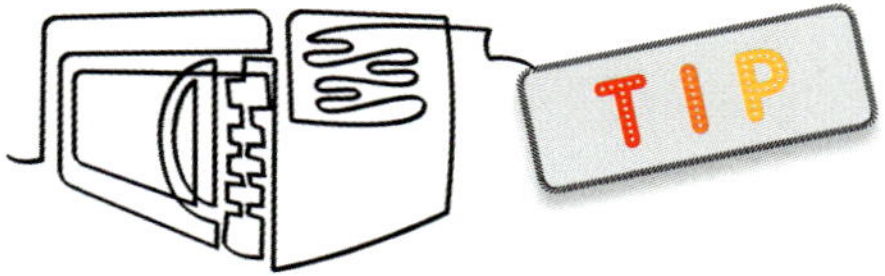

- 이쑤시개로 찔러 보았을 때 반죽이 묻어 나오면 전자레인지 시간을 2분 정도 더 가열해 주면 된답니다.
- 우유와 곁들이면 더욱 맛있어요.
- 음식의 양에 따라 시간이 달라질 수 있으므로 전자레인지 시간을 가감해 주세요.

초간단
아이들
간식

NO! 오븐 오렌지 밀푀유 핫케이크 4분

오렌지 밀푀유 핫케이크 만들기

보기만 해도 한입 베먹고 싶은 충동을 일으키는 달콤하고 부드러운 오렌지 밀푀유!

요즘은 정확한 재료의 계량과 복잡한 레시피 보다는 집에서 쉽게 만들 수 있도록 도와주는 믹스들이 시중에 많이 나와 있다.

우유와 계란만 있으면 여느 초보자도 손쉽게 집에서 베이커리 못지않은 맛을 내주는 신기한 핫케이크 가루……

기존의 핫케이크 믹스의 달콤한 맛보단 바나나맛 우유가 들어가 은은한 바나나의 향과 당근의 아삭아삭 씹히는 식감. 오렌지의 새콤달콤한 맛과 메이플시럽의 달콤함이 매우 잘 어울렸던 간식이다.

INGREDIENTS

핫케이크 믹스
7큰술 (3장 분량)

계란 1개

오렌지

메이플 시럽

당근 약간

바나나맛 우유
1/2통

RECIPE

❶ 믹스 7큰술과 바나나맛 우유, 계란을 넣고 뭉치지 않게 골고루 섞어 준다.

❷ 당근을 얇게 채 썰어 넣어 준다.

❸ 전자레인지에서 1분씩 가열하면서 케이크의 이쑤시개로 찔러 상태를 확인해 익었으면 다른 접시에 준비해 둔다.

❹ 케이크에 올릴 오렌지는 껍질을 벗겨내고 알맹이를 슬라이스로 손질해 메이플 시럽에 잠시 재워 놓는다.

❺ 핫케이크 한 장을 접시 바닥에 깔고 그 위에 재워 놓았던 오렌지를 올리고 다시 핫케이크 순으로 쌓은 다음 마지막은 메이플 시럽을 살짝 뿌려 마무리해준다.

★ 오렌지 밀푀유 핫케이크 완성 ★

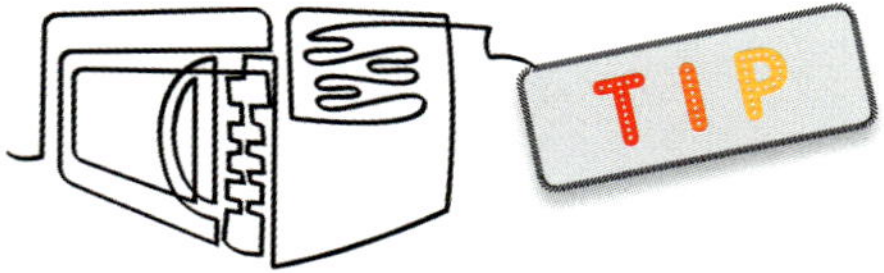

- 바나나맛 우유를 넣으면 믹스의 달콤함을 한층 더 느낄 수 있어요. 바나나맛 우유가 없으면 흰 우유를 사용해도 좋아요.
- 당근이 아니더라도 좋아하는 채소나 과일(사과, 딸기 등)을 넣어도 좋답니다.
- 집에서 리모컨 들고 아무 생각 없이 쉬고 있을 땐 세상 부러울 것 없다는 생각마저 들게 해요.
  그러다 보면 달달한 간식이 생각나기 마련!
- 음식의 양에 따라 전자레인지 시간이 달라질 수 있으니 적절히 가감해 주세요.

초간단
아이들
간식

눈과 입이 즐거워지는 삼색 고구마 경단 5분

삼색 고구마 경단 만들기

아이들도 재밌게 먹을 수 있는 이색적인 고구마 간식!!
집에 있는 고구마와 먹다 남은 바나나 그리고 카스텔라를 이용해 심하게 달콤할 것 같지만, 전혀 달지 않고 입에 넣자마자 스르르 녹아버리는 아이스크림 같은 매력이 있는 아이들 간식이다.
고구마만 전자레인지에 삶으면 되니 어려울 것 하나도 없는 아이들의 간식으로 만들어 보자.

INGREDIENTs

고구마 2개

바나나 1개

카스텔라

RECIPE

1. 고구마는 큰 것은 반으로 자르고 작은 것은 깨끗이 씻어 전자레인지에서 5분 정도 가열해 준다.
2. 고구마가 뜨거울 때 꺼내어 곱게 으깨주다 바나나 하나를 껍질을 벗겨 으깨어 놓은 바나나와 섞어 준다.
3. 삼색으로 된 카스텔라를 분리하고 그 안에 붙어 있는 생크림을 걷어 내어 다른 그릇에 보관한다.

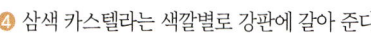

4. 삼색 카스텔라는 색깔별로 강판에 갈아 준다.
5. 반죽해 놓은 고구마를 아이들 한입 크기로 잡고 카스텔라에서 분리한 생크림을 넣어 주고 버터 칼로 동그랗게 모양을 잡아 준다.

★ 파운드 케이크 완성 ★

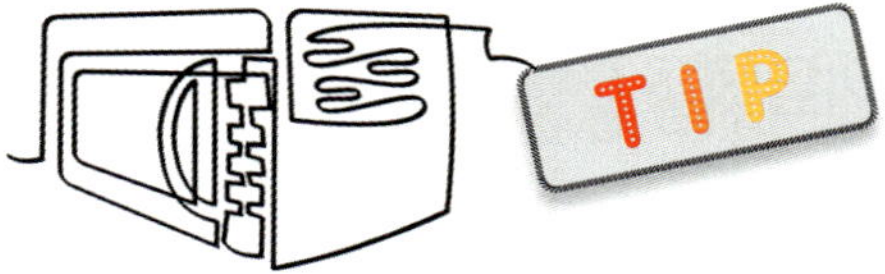

- 고구마의 양과 크기에 따라 전자레인지의 시간이 달라 질 수 있으니 적당한 시간으로 가열하면서 중간중간에 젓가락으로 찔러 보아 젓가락이 푹 들어가면 잘 익은 거랍니다.
- 밤고구마는 수분이 그렇게 많지가 않고, 호박 고구마에 비해 단맛이 덜하니 바나나 한 개는 넣어 주어야 하고, 만약 수분이 많은 호박 고구마라면 바나나 반개 정도면 충분해요.
- 카스텔라는 분쇄기에 갈아도 되지만 카스텔라의 촉촉함이 다른 빵들에 비해 많은 편이라 갈았을 때 가루가 뭉칠 수 있으니 꼭 강판에 갈아 주세요.
- 너무 촉촉한 카스텔라 가루는 전자레인지 그릇에 종이호일을 깔고 전자레인지에서 1분 정도 가열하면 수분이 어느 정도 날아가 손으로 집었을 때 달라붙지 않는답니다.

초간단
아이들
간식

중독되는 맛 마약 옥수수 3분

마약 옥수수 만들기

너무 맛있어 표현할 단어가 전혀 없고 뒤돌아서면 생각나는 음식에는 "마약"을 붙인다.
요즘 대학가 주변에 "마약 옥수수"가 핫한 간식으로 뜨고 있다는 소식!
대학가 주변에 가야지만 먹을 수 있다는 "마약 옥수수"
옥수수에 막대를 끼워 굽고 치즈가루 듬뿍 뿌리고 마지막에 레몬도 살짝 뿌려 나이프로 잘라 먹는 마약 옥수수를 캔옥수수 사서 전자레인지에서 만들어 보았다.
버터와 마요네즈가 들어가 고소하며 파마산치즈 가루의 꼬릿꼬릿한 냄새가 코끝을 자극 하지만 입에 들어가면 사르르르 녹아버려 달콤 짭쪼롬한 맛이 조화가 되어 중독되어 끊을수 없는 간식 마약 옥수수.

INGREDIENTS

캔옥수수

설탕

파마산치즈 가루

레몬 반쪽

마요네즈

고춧가루

버터

RECIPE

❶ 전자레인지 그릇에 설탕과 버터를 올려주고 ⏰ 1분 가열해 준다.

❷ 녹은 설탕과 버터에 마요네즈와 캔 옥수수를 넣고 골고루 섞어 준 후 전자레인지에서 ⏰ 2분 가열해 준다.

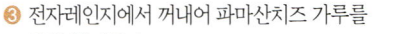

❸ 전자레인지에서 꺼내어 파마산치즈 가루를 듬뿍 뿌려준다.

❹ 고춧가루를 살짝 뿌리고 그 위에 레몬을 살짝 뿌려 완성한다.

★ 마약 옥수수 완성 ★

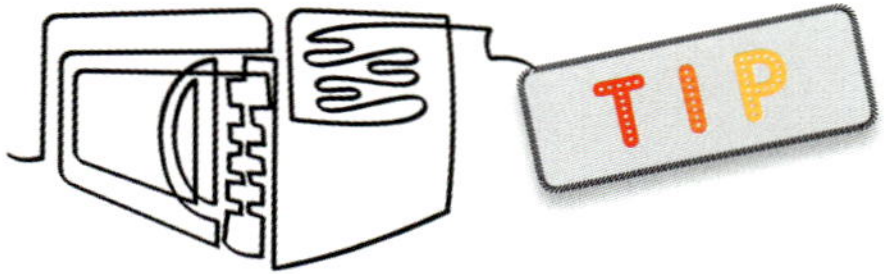

- 고춧가루와 레몬을 뿌리면 느끼할 수 있는 맛을 잡아 준답니다.
- 옥수수를 구하기 힘든 계절엔 캔 옥수수로도 쉽게 만들 수 있어요.
- 한 번쯤은 칼로리도 잊고 먹어보는 것도 스트레스 푸는 방법 중 하나! 맛있으면 0칼로리~ ^^
- 음식의 양에 따라 전자레인지 시간을 적절히 조절해 주세요.

초간단
아이들
간식

쫄깃한 만두피 츄러스 5분 30초

만두피 츄러스 만들기

'아이들 간식은 무얼 해줄까?'
고민하는 주부님들을 위해 귀차니가 추천하는 아이들 간식!!
만두피를 이용한 만두피 츄러스!
어릴 적 놀이동산에서 팔던 인기 간식으로 친숙한 깊은 계피 향이 고소하게 느껴지는 어린이 간식이다.
만두피를 사용하여 전자레인지에서 아주 간단한 레시피로 놀이동산에서 맛볼 수 있는 쫄깃하고 바삭한 츄러스를 만들어 보자.

INGREDIENTs

만두피 16장

황설탕 1큰술

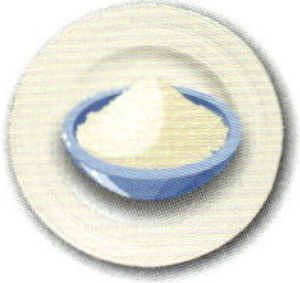

참깨 1큰술

계란 흰자 1개

계핏가루 1큰술

RECIPE

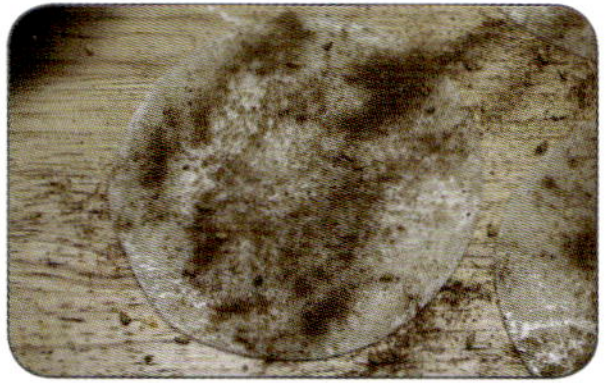
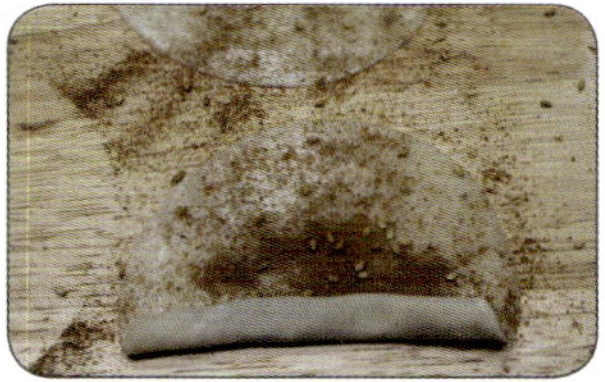

❶ 계핏가루, 황설탕, 참깨를 1:1:1로 섞어 준다.

❷ 계란은 노른자와 흰자를 분리하고 흰자만 그릇에 따라 기름솔로 만두피에 발라 준다.

❸ 준비해 놓은 가루를 만두피 위에 골고루 듬뿍 뿌려준다.

❹ 만두의 끝부터 돌돌 말아준다.

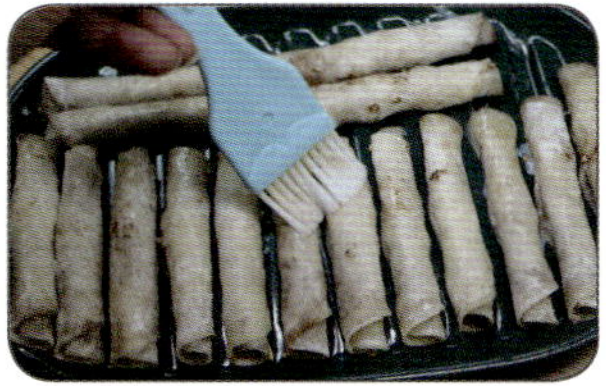

❺ 전자레인지 그릇에 돌돌 말은 만두피를 올리고 계란 흰자를 한 번 더 마르고, 섞어 놓은 계핏가루를 뿌려 준다.

❻ ⏰ 2분 돌리고 한김 식힌 후 + ⏰ 1분 30초 + 한 김 식힌 후 ⏰ 2분 가열한다.

★ 만두피 츄러스 완성 ★

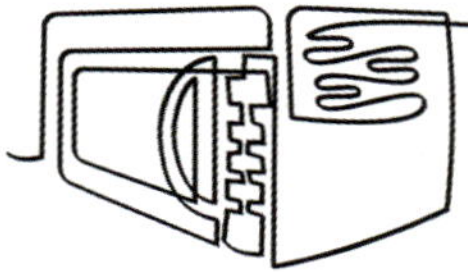

TIP

- 계란 흰자 대신 물을 만두피에 발라도 됩니다.
- 좀 더 바삭한 츄러스를 원하신다면 시간을 더 추가하여 가열해 주는 것이 좋아요.
- 아빠들의 맥주 안주로도 매우 좋아요.
- 꼭! 시간을 나누어 가열해 주시는 것이 포인트랍니다.
- 전자레인지의 시간은 음식의 양에 따라 달라질 수 있으니 적당히 조절해 주시면 됩니다.

PART 2

초보자와 바쁜 워킹맘의 초간단 전자레인지 밥 짓기

직장 일과 가사를 병행하는 30~50대 주부들이 늘고 있다. 아침에 일어나 식사준비와 출근 준비를 동시에 한다는 건 쉬운 일이 아닐 것이다.

출근과 육아, 살림까지 병행하는 워킹맘, 혼자 지내는 싱글족과 자취생들을 위해 제철에 나는 식재료로 맛있고 영양도 풍부하며, 전자레인지 하나로 다양하게 응용할 수 있는 전자레인지 별미밥을 소개한다.

특히 별미밥을 만들어 한 끼에 다 먹지 못하고 남는 경우 두 번 다시 숟가락이 가질 않는다. 맛있는 별미밥을 그때그때 먹을 만큼만 만들어 남기는 게 없고, 특별한 반찬이 없이도 맛있게 한 그릇 뚝딱 할 수 있는 게다가 건강에도 좋은 별미밥을 만들어 보자.

한여름 보양이 되는 밥, 마늘 당근밥 13분

마늘 당근밥 만들기

우리의 요리에 빼놓지 않고 들어가는 식재료 중 마늘과 당근이 있다.
특히 당근은 음식의 색을 내기 위해 사용하긴 하지만 그렇게 즐겨 먹는 채소는 아니다. 당근과 마늘을 사이좋게 섞어 고슬고슬 밥을 지으면 딱딱했던 당근도 매울 것 같았던 마늘 또한 단맛이 나서 아이들의 입맛에도 어울리며 양념장을 섞지 않고 먹다 보면 마늘과 당근의 알맞은 조합이 재료 본연의 맛을 더 느낄 수 있는 밥이다.
피부미용과 탈모에 좋은 당근과 항암 효과가 뛰어난 마늘로 간단하게 전자레인지에서 만들어 한여름 보양식으로 가족들 밥상에 올리는 건 어떨까?

INGREDIENTs

당근 1/2개

마늘 작은 것 20알

불린 쌀 2컵

참기름 1큰술

RECIPE

❶ 쌀을 1시간 정도 불려 준다.

❷ 당근은 사방 1cm 크기로 썰어 주고 마늘은 꼭지를 다듬어 준비한다.

❸ 불린 쌀에 준비해둔 마늘과 당근을 넣은 후 참기름 1큰술을 넣고 섞어 준다.

❹ 종이컵으로 생수 2컵 반을 부어 준다.

❺ 전자레인지에서 13분 가열하고 5분 뜸 들인다.

★ 마늘 당근밥 완성 ★

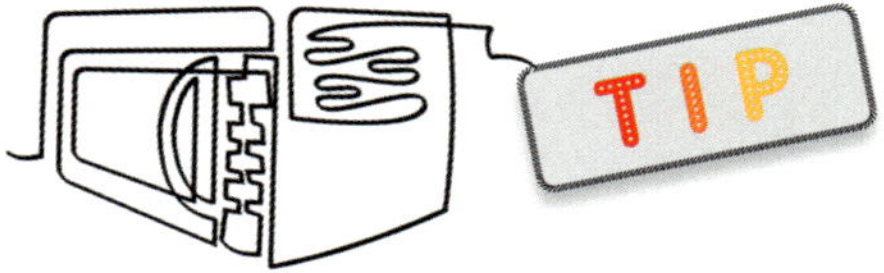

- 불린 쌀 2컵은 생수 2컵과 1/2컵 (종이컵 기준)
  불린 쌀 1컵은 생수 2컵 (종이컵)기준
- 고들고들한 밥을 원하시면 불린 쌀과 동일한 양으로 맞추세요.
- 기호에 따라 당근과 마늘 외에 좋아하는 재료를 넣어 만들어 드실 수 있어요.
- 쌀은 밥하기 하루 전에 불려 체에 밭쳐 물기를 빼 줘야하고 밥을 짓는 전자레인지 그릇은 냄비와 비슷한 것을 사용하세요.
- 다 된 마늘 당근밥은 신 김치와 먹으면 아주 맛있습니다.
- 전자레인지의 시간은 음식의 양에 따라 달라질수 있으니 시간을 가감해 가열해 주시면 됩니다.

초간단
전자레인지
밥 짓기

가을대표 건강식! 곤드레밥 13분

곤드레밥 만들기

섬유소가 많고 열량이 낮아 다이어트하는 분들에게도 인기가 있는 곤드레밥은 콜레스테롤을 낮추고 변비에도 매우 효과적이며 특히 맛과 향이 다른 나물에 비해 부드럽고 향이 강하지 않아 남녀노소 누구나 좋아하는 나물이다. 그러나 혼자 생활하는 나홀로족이나 워킹맘, 싱글족에게는 쉽게 집에서 해먹을 엄두조차 내지 못하는 음식이기도 하다.

가을을 대표하는 곤드레나물로 전자레인지에서도 쉽고 간편하게 만들 수 있는 조리법으로 나만의 건강한 한 끼 밥상을 차려보자.

INGREDIENTs

곤드레나물
불린 것 한 줌

불린 쌀 2컵
(종이컵)

양념장

다진 파
다진 마늘

고춧가루
약간

참기름, 들기름
각 1큰술
간장 6큰술

통깨

RECIPE

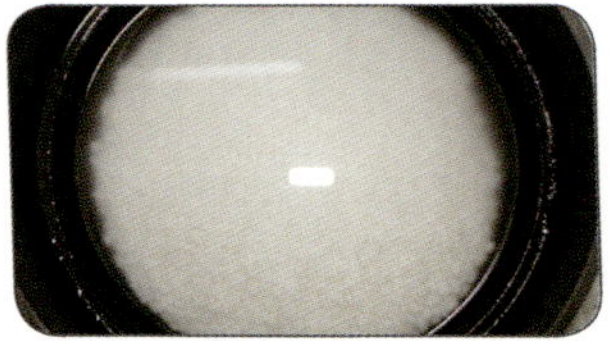

❶ 불린 곤드레를 찬물에 여러 번 헹구어 물기를 꽉 짜준다.

❷ 곤드레는 잘게 썰어 간장 3큰술과 참기름 들기름 1큰술씩 넣고 버무려 준다.

❸ 불린 쌀 2컵을 넣고 먼저 전자레인지에서 ⏰ 10분 가열하여 밥을 먼저 지어 준다.

❹ 전자레인지에서 ⏰ 10분 가열 후 꺼내어, 양념해둔 곤드레나물을 넣고 다시 ⏰ 5분간 가열하고 ⏰ 5분간 뜸을 들인다.

❺ 간장 3큰술, 다진 마늘, 다진 파, 통깨, 고춧가루 약간을 넣고 양념장을 만들어 준다.

❻ 전자레인지에서 밥을 꺼내어 잘 섞어 양념장과 곁들여 준다.

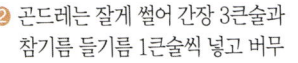

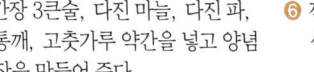

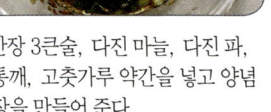

★ 곤드레밥 완성 ★

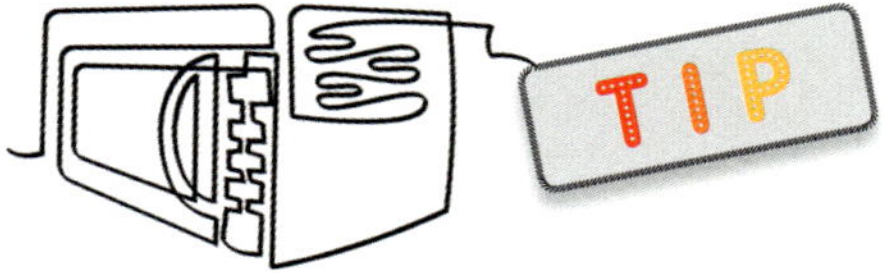

- 모두 궁핍하고 살기 어려운 시절에 옛날 강원도에서는 끼니를 때우려 먹었던 곤드레밥이 이제는 한식집 고급메뉴로 곤드레밥 정식이 있을 만큼 그 효능과 맛이 뛰어나 지금은 많은 사람의 건강식이 되었답니다.
- 곤드레 나물은 미리 불려서 사용하시면 더욱 편리하네요.
- 전자레인지의 시간은 음식의 양에 따라 달라져요. 적절히 가감해 주시면 됩니다.

초간단
전자레인지
밥 짓기

면역력 향상에 좋은 녹두 뿌리 채소밥 13분

녹두 뿌리 채소밥 만들기

뿌리채소의 대표주자 연근과 유기농 고구마, 녹두, 구황식물인 자색 감자를 섞어 만든 전자레인지 녹두 뿌리 채소밥!

특히 겨울철 우리 식탁에서 자주 볼 수 있는 뿌리채소는 장기간 복용하면 몸에 콜라젠 합성을 증가시키고, 면역력을 담당하는 세포에 활성화를 시키고, 또 뿌리채소인 연근은 타닌과 철분이 풍부해서 성장기 어린이에게도 매우 좋다.

따라 하기도 쉽고 전자레인지에서도 간단하게 밥이 되니 우리 가족 특히 아이들의 밥상에 자주 올려보는 건 어떨까?

INGREDIENTs

불린 쌀 2컵
(종이컵 기준)

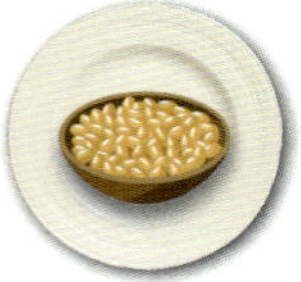

녹두 1/2컵

고구마 작은 것
1개

연근 5조각

감자 작은 것
1개

RECIPE

❶ 녹두는 ⏰ 1시간 정도 물에 불린 후 불린 쌀과 섞어 전자레인지 그릇에 담는다.

❷ 감자, 고구마는 껍질째 깨끗이 씻어 먹기 좋은 크기로 자르고 연근은 슬라이스해서 준비한다.

❸ 담아 놓은 쌀에 손질한 채소를 올리고 한 컵 반 (종이컵 기준)을 부어 밥물을 맞추어 준다.

❹ 전자레인지에서 ⏰ 13분 가열 후 ⏰ 5분 뜸 들여 준다.

★ 녹두 뿌리 채소밥 완성 ★

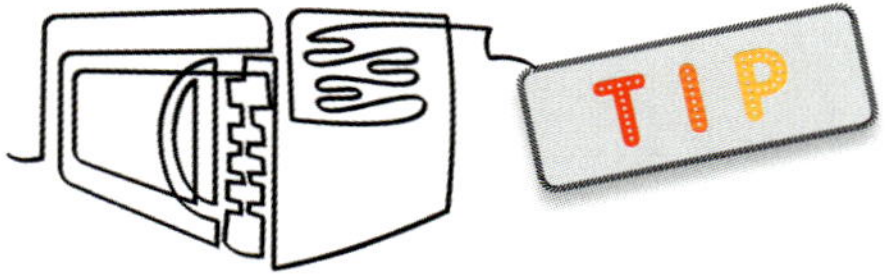

- 고혈압이 있는 분들은 한식 간장(조선간장)을 사용하여 드시는 게 몸에도 아주 좋고 깊은 맛을 느낄 수 있어요.
- 다진 파 대신 달래를 사용하여 간장에 곁들이면 더욱 맛있답니다.
- 전자레인지의 시간은 음식의 양에 따라 달라질 수 있으니 적절히 시간을 가감해주세요.

혈당조절에 좋은 잡곡밥 13분

잡곡밥 만들기

계속 씹다 보면 고소하기도 하고 백미보다는 입속에서 오래 씹어서 더 천천히 먹게 되는 잡곡밥!!

잡곡은 보리와 쌀 이외의 곡물을 말하는데 특히 당뇨의 경우 식사요법을 통해 혈당을 안정시킬 뿐 아니라 좋은 영양 상태를 유지함으로써 합병증을 예방하고 증상이 악화되는걸 막을 수 있다.

INGREDIENTs

불린 잡곡
200g

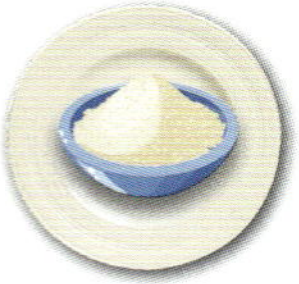

불린 백미
약간

RECIPE

❶ 모든 잡곡을 섞어 200g으로 맞추어 물에 하루 정도 불려 준다.

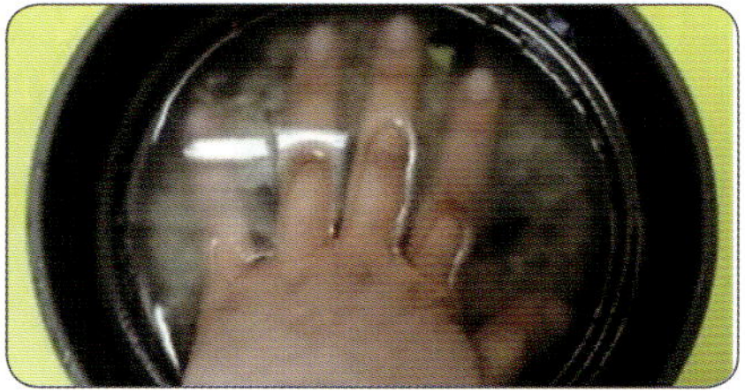

❷ 냄비 형태로 된 전자레인지 그릇에 불린 잡곡을 넣고 손가락 두 마디 정도까지 물을 부어 준다.

❸ 전자레인지에서 ⏰ 3분 가열 후 ⏰ 5분 뜸을 들인 후 꺼내어 골고루 섞어 준다.

★ 잡곡밥 완성 ★

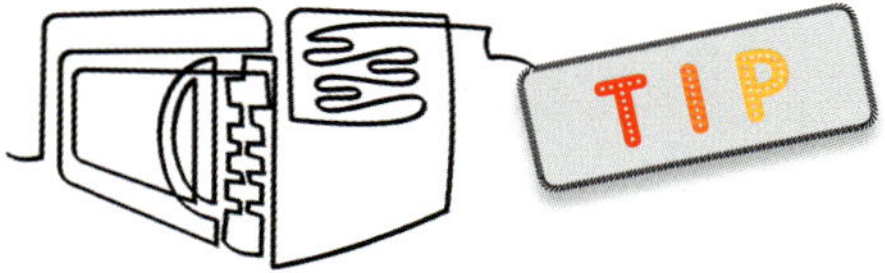

- 잡곡은 하루 정도 충분히 불려야 전자레인지에서 부드러운 잡곡밥을 만들 수 있어요.
- 전자레인지 시간은 음식의 양에 따라 적절히 꼭! 조절해 주세요.

초간단
전자레인지
밥 짓기

별미밥이 먹고 싶을 때는 김치밥 13분

김치밥 만들기

한 끼 식사로 간단하게 전자레인지 김치밥

초간단!! 13분만에 돌솥밥에 한 것처럼 처음부터 끝까지 뜨겁게 먹고~ 설거지도 간편!!

30분 정도 불린 쌀과 김치를 섞어 전자레인지에서 돌려만 주면 가볍게 한 끼 식사가 해결된다.

겨우내 묵은 김장김치를 사용하여 든든하고 깔끔한 맛이 일품인 김치밥을 전자레인지에서 간단하게 만들어 보자.

INGREDIENTS

- 불린 쌀 200g
- 신김치 3줄기
- 참기름
- 설탕 약간
- 물 한컵 (종이컵 기준)

RECIPE

❶ 김치는 송송 잘게 썬 뒤 참기름 1큰술과 설탕을 약간 넣고 조물조물 무쳐 준비해 둔다.

❷ 불린 쌀을 전자레인지 그릇에 붓고, 준비해둔 김치를 넣은 후 한 컵(종이컵)의 물을 붓고 골고루 섞어 준다.

ㅈ

❸ 전자레인지에서 ⏰ 3분 가열 후 ⏰ 5분 뜸을 들인 후 그릇에 담아낸다.

★ 김치밥 완성 ★

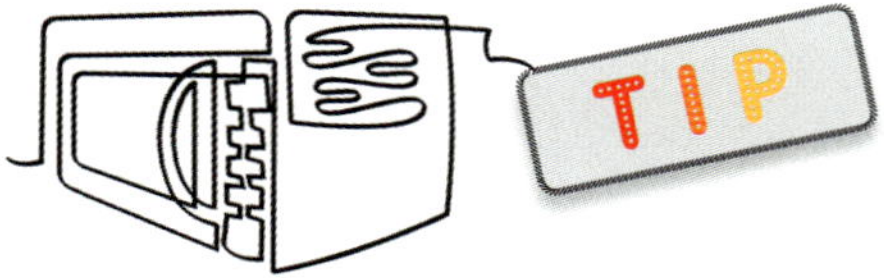

- 달래 간장 양념장과 함께 비벼 먹으면 더욱 맛있고요.
- 쌀은 충분히 1시간 이상 불려 주어야 해요.
- 전자레인지의 시간은 음식의 양에 따라 달라질 수 있으니 시간은 적절히!!!

PART3

냄새 없고 뒤처리 깔끔한 생선구이

생선을 좋아하는 모두에게는 몇 가지 고민이 있었다.

그중 제일 큰 고민은 생선을 굽고 나면 사방에 튀어 대략 난감, 양념한 생선을 프라이팬에 굽게 되면 불 조절을 못 하는 분들에게는 양념이 타서 먹어야 할지 말아야 할지, 또 생선을 굽고 나면 잘 빠지지 않는 생선 비린내.

PART 3에서는 위와 같은 고민도 해결하고 밖에서만 먹을 수 있었던 생선구이를 집에서도 간단하게 전자레인지에서 구워 식탁에 올릴 방법과 비린내가 나는 생선을 비린내가 나지 않게 밑간하는 방법, 생선을 구울 때 기름이 튀지 않게 굽는 방법, 생선을 굽고 전자레인지 환기하는 방법, 또 생선을 좋아하지만 굽는 방법조차 몰라 고생하시는 초보자분들도 전자레인지가 있다면 쉽게 따라 구울 방법 등을 요약해 보았다.
특히 불 앞에서 생선 굽는 수고를 덜 수 있어 뜨거운 여름에도 생선을 맛있게 구워 먹을 수 있다.

위와 같은 고민만 해결된다면 생선을 좋아하는 사람들에게는 생선 굽는 일은 그리 어렵지 않을 것이다.

| 냄새 없고 뒤처리 깔끔한 생선구이 |

국민 밥도둑! 굴비구이 4분

굴비구이 만들기

다른 생선에 비해 굴비는 흰살생선이라 비린내가 적어 불에 구워도 비린내가 거의 나지 않는 생선이다

프라이팬에 굽지 않아 기름에 탄 부분도 없이 노릇노릇 바삭바삭 속은 부드럽고, 생선의 촉촉한 식감을 그대로 살린 전자레인지 생선구이로 우리 가족 밥상을 차려보는 건 어떨까?

INGREDIENTs

굴비 3마리

참기름 2큰술

밀가루 2큰술

RECIPE

❶ 굴비는 비늘을 벗겨 깨끗하게 씻은 후 물기를 닦아 준다.

❷ 밀가루를 앞, 뒤로 묻혀 준 후 참기름을 솔에 찍어 앞, 뒤로 발라 준다.

❸ 전자레인지 그릇(접시형)에 올려 ⏰ 3분 가열해 준다.

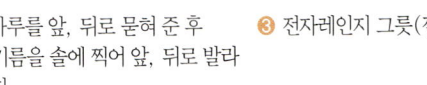

❹ 전자레인지 뚜껑을 열어서 한번 뒤집어 준 후 다시 전자레인지에서 ⏰ 1분 가열해 준다.

❺ 식성에 따라 파를 송송 잘게 썰어 올려 준다.

★ 굴비구이 완성 ★

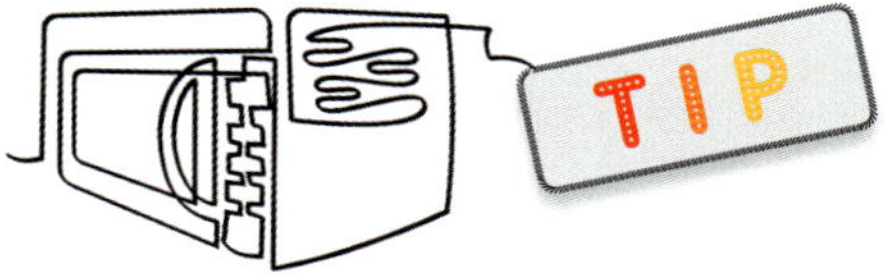

- 생선을 전자레인지에서 구울 때는 처음 넣고 가열 후 꺼내서 상태를 보고 뒤집어 구워 주는 게 제일 포인트에요.
- 흰살생선은 비린내가 적고 기름의 함량이 거의 없어서 전자레인지에 구워도 기름이 튀지 않지만, 특히 우리나라는 미리 간이 되어 있는 자반 상태의 생선을 많이 구워 먹기 때문에 굽는 동안 기름이 좀 튈 수 있어요. 하지만 불에서 굽는 것보다는 적게 튄다는 것!!! 뒤처리도 쉽다는 것!!!
- 전자레인지의 시간은 음식의 양에 따라 달라질 수 있으니 시간은 적절히 조정하여 조리해 주세요.

비타민 파워! 연어구이 5분

연어구이 만들기

레스토랑이나 이자카야에서는 아주 사악한 가격의 연어구이~
성장 촉진에 꼭 필요한 비타민 B군을 모두 가지고 있으며, 또한 비타민D도 풍부하여 칼슘이 든 유제품이나 칼슘이 들어있는 식품과 함께 먹어야 칼슘의 흡수율이 더 높아진다.
그릴에 굽거나 프라이팬에 구우면 살이 너무 퍽퍽해져서 집에서 굽는 건 거의 생각을 하지 않았던 연어구이를 이제는 전자레인지에서 구워보자.
오븐을 예열하는 시간과 오븐 안에서 구워지는 시간을 체크해야 하는 수고스러움과 특히 여름에 뜨거운 불 앞에 서서 구울 필요 없는 전자레인지 생선구이!

INGREDIENTS

연어 2토막

마늘 5알

꽈리고추 3개

허브 솔트 약간
또는 후추 & 소금

올리브 오일
3큰술

RECIPE

❶ 소금, 후추를 뿌려 올리브오일에 ⏰30분 정도 재워 놓는다.

❷ 전자레인지 그릇(접시형)에 재워 두었던 연어를 올리고 마늘, 꽈리고추를 올려 준다.

❸ 전자레인지에서 ⏰3분 가열 후 뒤집어 ⏰2분 더 가열해 준다.

★ 연어구이 완성 ★

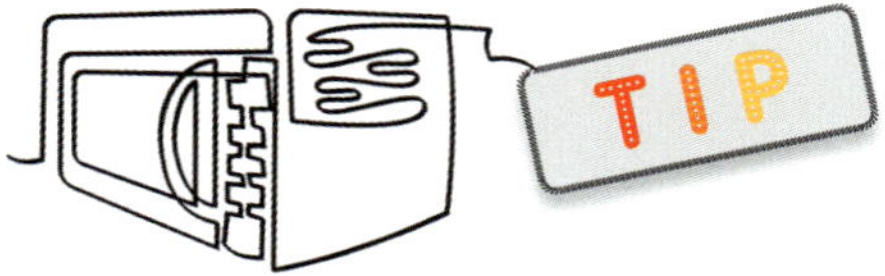

- 연어는 기름이 많은 생선이다 보니 비릿한 맛이 날 수 있으니 후추와 소금 또는 허브 솔트로 꼭 밑간을 해야 합니다.
- 꽈리고추 대신 식성에 맞는 채소나 버섯을 올려 주어도 좋아요.
- 연어회로 드실 경우 상큼한 카르파쵸 소스를 뿌려 드시면 더욱 맛있습니다.
- 생선의 양에 따라 전자레인지 시간을 가감해 주세요.

얼큰 갈치구이 7분

갈치구이 만들기

잘 구워진 갈치 한 토막과 밥 한 공기 뚝딱!!

구이와 찌개, 갈칫국 등 다양한 형태로 먹을 수 있는 갈치는 우리 밥상에 자주 오르는 생선이다.

칼처럼 생겼다 하여 〈갈치〉라 이름이 지어진 생선 갈치는 특히 어린이들의 성장 발육에 좋고, 혈관 세포도 튼튼하게 해 준다.

또한, 비타민A인 레티놀이 많아 여름철에 먹으면 더위를 이겨 낼 수 있다.

갈치는 구이뿐 아니라 조림, 양념구이, 찌개, 국, 싱싱한 갈치는 회로도 즐길 수 있다.

INGREDIENTS

갈치 한토막 (160g)

밀가루 또는 녹말가루 약간

참기름 1큰술

RECIPE

❶ 갈치는 은색 부분을 살살 긁어낸 후
깨끗이 손질해 칼집을 내준다.

❷ 갈치 앞, 뒤로 밀가루나 녹말가루를 묻혀 준다.

❸ 앞, 뒤로 참기름을 솔로 바른다.

❹ 전자레인지(접시형) 그릇에 올려 전자레인지에서
⏰ 2분 구운 후 다시 뒤집어 ⏰ 1분 구워 준다.

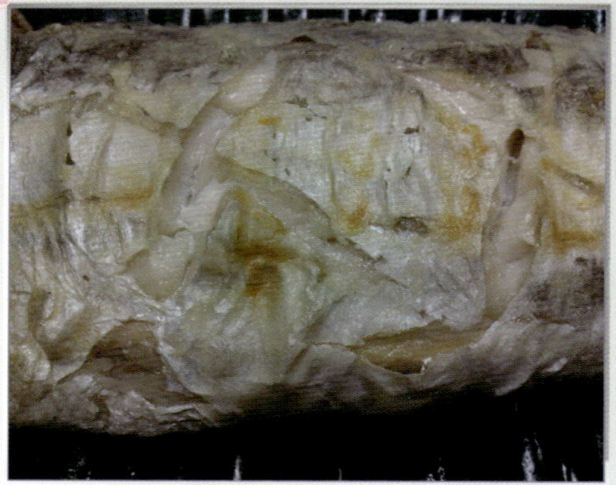

★ 갈치구이 완성 ★

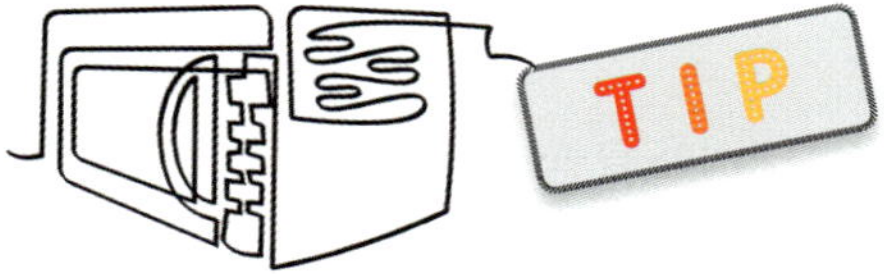

- 갈치도 비린내가 다른 흰살생선에 비해 많이 나기 때문에 밀가루 또는 녹말가루를 묻혀 주어야 비린내가 나지 않아요.
- 갈치는 비늘이 없기 때문에 껍질을 벗겨내지 않고 미끈거리는 은색 표면을 칼로 긁어내는 정도로 손질하면 된답니다.
- 생선의 양에 따라 시간을 가감해 주세요.
- 생선을 구울 때는 생선 자체에서 기름이 나오기 때문에 기름이 빠지는 골이 있는 전자레인지 그릇을 사용해 주세요.

달콤 짭조름한 고등어 데리야끼구이

5분 30초

고등어 데리야끼구이 만들기

고등어 자반의 짠맛을 빼고 달콤 짭조름한 데리야끼 소스를 듬뿍 발라 전자레인지에서 후다닥 구어 낸 데리야끼 고등어 구이다.
소스를 발라 전자레인지에서 빠른 시간에 구워내 속살까지 부드러운 고등어는 가을부터 겨울철에 걸쳐 지방이 올라 감칠맛이 증가한다. 고등어 등 쪽의 붉은 생선살은 철분의 함유량이 매우 풍부하여 꾸준히 섭취해 주면 혈전증이나 고혈압, 심장병, 동맥경화 등의 예방에도 매우 좋은 생선이다.

INGREDIENTs

고등어 1/2마리

데리야끼 소스

RECIPE

1. 고등어 자반은 흐르는 물에 한두 번 씻어낸 후 맑은 물을 받아 식초 3큰술을 넣고 고등어를 ⏰ 30분간 담가 짠기를 빼 준다.
2. 고등어 앞, 뒤로 물기를 닦고 소스가 잘 배 있게 칼집을 내준다.
3. 고등어를 전자레인지를 올리고 기름 솔로 고등어의 앞, 뒤에 데리야끼 소스를 발라준다.

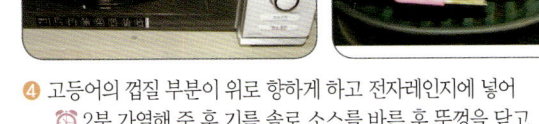

4. 고등어의 껍질 부분이 위로 향하게 하고 전자레인지에 넣어 ⏰ 2분 가열해 준 후 기름 솔로 소스를 바른 후 뚜껑을 닫고 다시 ⏰ 2분 가열해 준다.
5. 껍질 부분이 바닥에 닿게 뒤집개로 한번 뒤집어 준 후 데리야끼 소스를 발라 전자레인지에 다시 ⏰ 2분간 구워 주면 완성!

★ 고등어 데리야끼구이 완성 ★

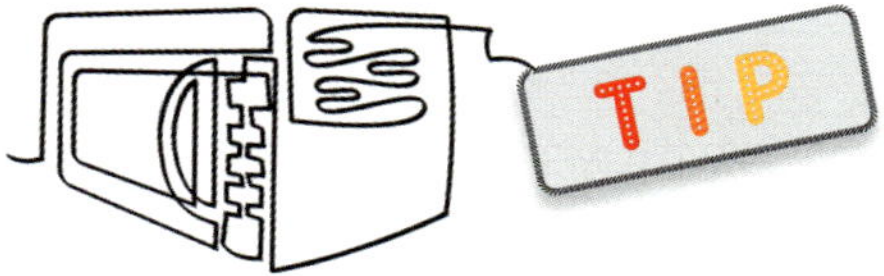

- 데리야끼 소스를 바르기 때문에 간이 강한 자반일 경우 물이나 우유에 30분 정도 담가 두었다가 구우면 훨씬 맛있어요. (물에 담가 짠맛을 뺄 경우 식초 3큰술 정도를 섞어 담가 두세요)
- 골이 있는 전자레인지 그릇을 사용하시면 생선의 기름이 빠져 더욱 맛있는 데리야끼 고등어구이를 먹을 수 있답니다.
- 전자레인지의 시간은 생선의 양에 따라 가감해 주시고, 시판하는 데리야끼 소스를 사용하면 더욱 편하네요.

냄비 탈 걱정 없어요. 대하 소금구이 5분 30초

대하 소금구이 만들기

제철에 팔딱팔딱 살아있는 녀석들로 굵은 소금을 얹어서 구워 먹는 게 제맛이지만 어느 날 혼자서라도 먹고 싶은 날!!

새우를 간단하게 손질만 해서 전자레인지 그릇에 굵은 천일염을 뿌려 전자레인지를 이용하여 쉽고 간단하게 만들어 먹을 수 있다.

특히 대하는 콜레스테롤을 없애주는 물질이 머리 쪽에 많다고 하니 버리지 말고 바삭하게 구워서 다 먹는 게 좋다.

INGREDIENTs

대하 3~12마리

초고추장

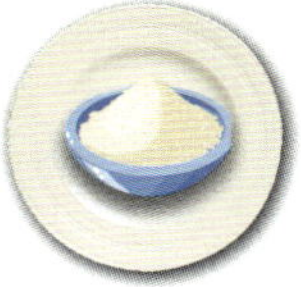

천일염 한 컵
(종이컵 기준)

RECIPE

❶ 냉동된 대하는 찬물에 담가 해동하여 물기를 쫙 빼준다.

❷ 전자레인지 그릇에 천일염(한 컵)을 붓고 전자레인지에서 ⏰ 1분 30초 정도 가열을 시켜준다.

❸ 가열한 소금 위에 대하 3마리를 올리고 전자레인지에서 ⏰ 3분 가열 후 뒤집어 ⏰ 1분 가열해 준다.

❹ 초고추장과 곁들어 완성한다.

★ 대하 소금구이 완성 ★

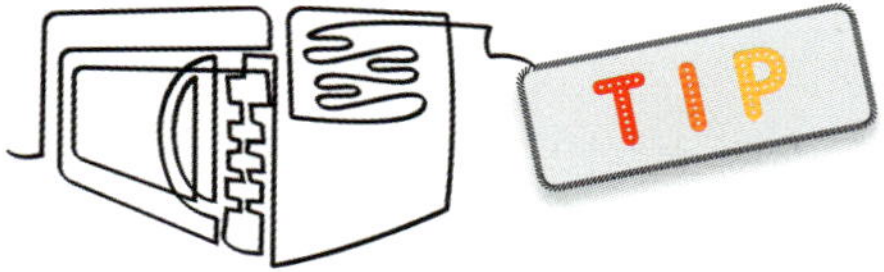

- 아주 오래전 대하를 사와 집에서 굽다가 멀쩡한 냄비를 다 태운 별로 기억하고 싶지 않은 기억이 나네요. ^^
- 회생 불가능한 다 탄 냄비를 끌어안고 다시는 집에서 굽지 말자고 했지만, 전자레인지를 이용해 구워보고는 이렇게 간편하게 구울 수 있는 것을 왜 그 난리를 부렸나 싶네요~
- 전자레인지의 시간은 음식의 양에 따라 달라질 수 있으니 시간은 적절히 조정하여 조리해 주세요.

PART 4

싱글족을 위한 한 끼 식사

혼자 사는 싱글족들은 약속이 없거나 회사에서 일찍 귀가하는 날이면 늘 하는 고민이 있다.

"오늘은 뭘 먹지?"

혼자 살면서 균형 잡힌 식사를 한다는 건 좀처럼 어려운 일이다.

"바쁘다" "귀찮아" "챙겨주는 사람이 없어" 등과 같은 이유로 영양을 골고루 갖추지 못하는 싱글족들과 자취생들이 대부분이며, 그렇다고 매일 밖으로 나가 사 먹을 수도 없다.

냉장고나 싱크대 안쪽에는 늘 비상용으로 햇반이나 통조림은 갖춰져 있지만 '맛있게 한 끼'를 먹기란 매우 힘든 일인 것 같다 .

PART 4에서는 냉장고 속의 남은 자투리 채소와 통조림, 햇반 등으로 편하고 쉽게 만들어 남길 일 없이 먹을 수 있는 한 끼를 준비했다.

혼자 밥 먹으면서 거창할 필요는 없지만 맛있는 반찬 하나와 찌개, 맛있게 만든 한 그릇이면 싱글들의 밥상은 늘 행복하다.

싱크대 속 참치를 깨우자! 참치마요밥 4분20초

참치마요밥 만들기

밥하기는 물론 아무것도 하기 싫은 날 찬밥과 싱크대에 구비 되어 있는 참치캔 하나만 있으면 맛을 물론 영양까지 갖출 수 있다.
그리고 혼자 먹는 밥이지만 품격 있게 먹을수 있는 한 끼 식사!
본인의 취향에 맞게 전자레인지에서 모두 휘리릭 볶아 밥위에 얹어 비벼 주기만 하면 맛있는 참치 마요밥이 완성 된다.

INGREDIENTs

참치캔 작은 것 1캔

양파 반 개

계란 1개

데리야끼 소스 2큰술
양념 소스

마요네즈 약간

RECIPE

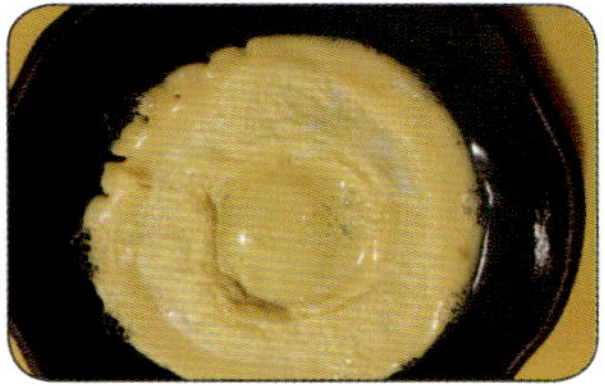

❶ 계란 1개를 전자레인지 그릇에 깨어 노른자와 흰자가 잘 섞이도록 저어 준다.

❷ 전자레인지에서 ⏰ 1분 20초 동안 가열 후 꺼내어 준다.

❸ 계란지단은 도마 위에 올려 잘게 채 썰어 준비한다.

❹ 양파는 결대로 썰어 전자레인지 그릇에 올려 데리야끼소스 2큰술을 넣고 골고루 섞어 전자레인지에서 ⏰ 3분 가열해 준다.

❺ 양파가 익으면 꺼내어 밥-양파-참치-마요네즈 순서로 올린다.

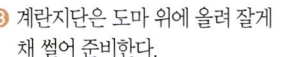

★ 참치마요밥 완성 ★

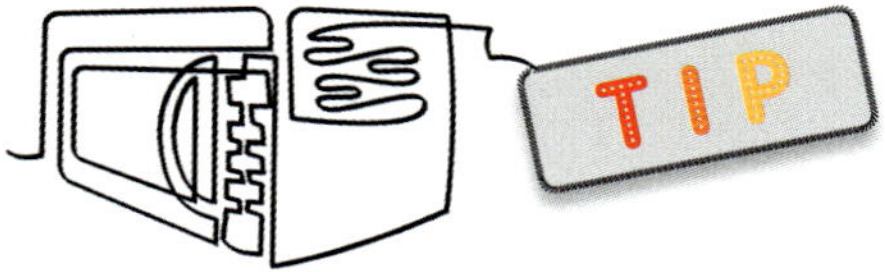

- 식성에 따라 김이나 쪽파를 송송 썰어 올려 드시면 더 맛있어요.
- 계란 지단이 싫으면 ⏰1분만 가열하고 꺼내어 젓가락으로 휘리릭 저으면 계란 스크램블이 된답니다.
- 참치 대신 연어캔을 사용하셔도 맛있네요.
- 전자레인지 시간은 음식의 양에 따라 달라질 수 있으니 시간을 적절히 조절해 주세요.

전자레인지로 만드는 품격있는 베이컨 파스타 14분

베이컨 파스타 만들기

만드는 과정, 들어가는 재료가 복잡하고 거창할 것 같아 집에서 만들기가 부담스러운 음식 중 하나가 파스파이다. 이런 복잡한 요리도 전자레인지에서 뚝딱!
만들기도 간단하고 맛도 여느 레스토랑 못지않을 맛을 낼 수 있는 전자레인지로 만든 베이컨 파스타!
페페론치노 대신 집에 있는 청양고추를 사용해 약간의 느끼한 맛을 청양고추의 매운 맛으로 확 잡아 주었다.
간단하고 손쉽게 만들어 오늘 저녁 고소하고 담백한 베이컨 파스타로 우아하고 품격 있는 나만의 한 끼를 만들어 보자.

INGREDIENTs

베이컨 3장 | 청양 고추 2개 | 통 마늘 2알 | 후추, 소금 | 올리브 오일 4큰술 | 파슬리 가루 | 파스타 면

RECIPE

❶ 넓은 전자레인지 그릇에 파스타를 넣고 파스타가 잠길 때까지 물을 부어 준다.

❷ 약간의 소금과 올리브유 2큰술을 넣고 전자레인지에서 ⏰ 10분 가열해 준다.

❸ 익으면 꺼내어 물기를 빼고 올리브유 2큰술을 넣고 버무려 놓는다.

❹ 전자레인지 그릇에 베이컨과 청양고추를 잘게 썰어 넣고 전자레인지에서 ⏰ 2분 가열해 익혀 준다.

❺ 만들어 놓은 파스타 면을 섞어 골고루 비빈 후 다시 전자레인지에서 ⏰ 2분 가열해 주면 완성

★ 베이컨 파스타 완성 ★

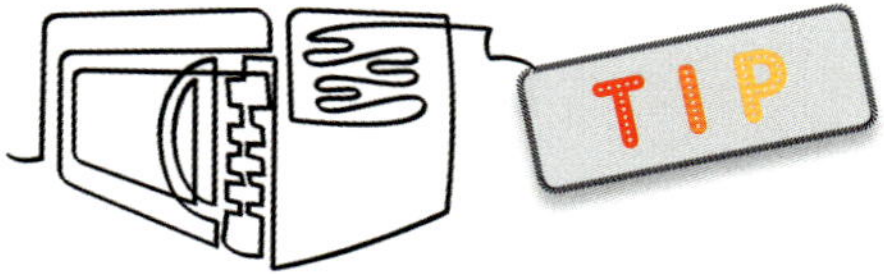

- 파스타 면을 익힐 때는 면이 잠길 때까지 물을 부어 주세요. 전자레인지 그릇이 넓지않다면 파스타 면을 반으로 잘라 넣어 끓여도 됩니다.
- 청양고추 대신 페페론치노를 사용하면 더욱 풍미 있는 베이컨 파스타를 즐길 수 있지요.
- 전자레인지 시간은 음식의 양에 따라 달라질 수 있으니 꼭! 시간을 조절해 주세요.

싱글족을
위한
한 끼 식사

파프리카 토마토 스파게티 12분

파프리카 토마토 스파게티 만들기

파스타 로티니와 우리가 흔히 사용하는 파스타 면을 섞어 시판하는 토마토소스와 집에 있는 자투리 재료들로 간단하게 만든 파프리카 토마토 파스타.

들어가는 재료와 만드는 방법이 간단해서 불을 사용하지 않고 스파게티 한 그릇을 고급스럽게 뚝딱 완성할 수 있다.

전자레인지 시간만 잘 정해 놓으면 불 앞에 서서 볶거나, 삶거나 하지 않아도 쉽고 편하게 파스타도 금방 만들 수 있다.

INGREDIENTs

로타니 파스타

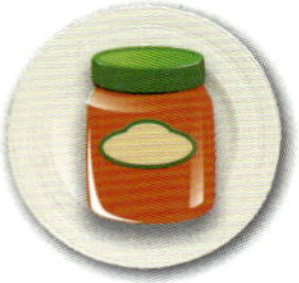

토마토소스

파프리카
(빨강, 노랑, 초록)

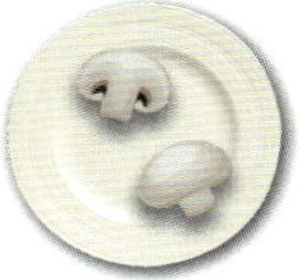

양송이버섯 3개

파스타 면

소금, 후추

올리브 오일 1큰술

RECIPE

❶ 파스타 면은 반으로 자르고 로티니는 그대로 전자레인지 그릇에 담고 면이 자작하게 잠길 정도로 물을 붓고 올리브오일 1큰술을 넣고 전자레인지에서 ⏰ 8분 가열해 준다.

❷ 파프리카는 채를 썰고, 양송이는 얇게 슬라이스해 준비한다.

❸ 삶아져 나온 파스타에 있는 물을 살짝 따라내고 토마토소스와 준비해둔 채소를 올리고 전자레인지에서 다시 ⏰ 4분 가열해 준다.

❹ 서로 잘 섞이게 비벼 완성한다.

★ 파프리카 토마토 스파게티 완성 ★

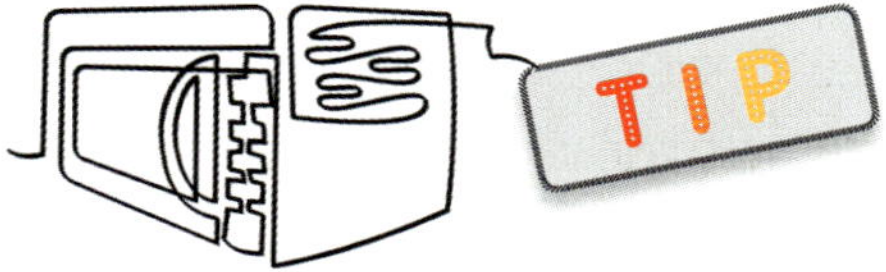

- 소스가 타버리지 않을까, 소스가 마르지 않을까 고민하지 않아도 된답니다.
- 시판하는 파스타 소스를 사용하면 더욱 편리해요.
- 전자레인지 시간은 음식의 양에 따라 달라질 수 있으니 시간 조절은 필수^^입니다.

싱글족을
위한
한 끼 식사

김치 하나만 있으면 OK! 전자레인지 초간단 김치볶음밥 4분

김치볶음밥 만들기

손가락 하나 까딱하기도 싫은 날에는 뭐든 귀찮기 마련!
김치 하나만 있으면 간단하고 빨리 만들 수 있는 메뉴가 바로 김치볶음밥이다.
아무리 간단하다고 해도 프라이팬 꺼내어 기름 두르고 김치 볶고 그러다 보면 내 눈앞엔 설거지가 한 가득이라 차라리 주문해 먹는 게 낫겠다 싶을 정도다.
설거지도 줄이고 기름을 두르지 않아 칼로리도 줄인 가장 쉬운 김치볶음밥을 전자레인지로 만들어 간단히 한 끼 해결해 보는 건 어떨까.

INGREDIENTs

밥 한 공기

김치 약간
김칫국물 3큰술

양파 1/4개

햄, 버터 약간

참기름
고추장 반 큰술

계란 노른자
1개

설탕 약간

RECIPE

❶ 평평한 전자레인지 그릇에 김치를 올리고 주방 가위로 아주 잘게 썰어 준비한다.

❷ 양파와 햄은 잘게 썰고 밥, 고추장, 김칫국물, 그리고 약간의 설탕을 넣고 골고루 비벼 준다.

❸ 전자레인지에서 ⏰ 4분 가열해 준다.

❹ 계란노른자를 완성된 김치볶음밥에 올려 준다.

★ 김치볶음밥 완성 ★

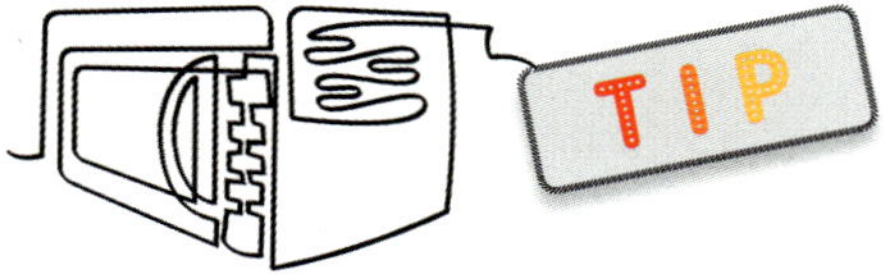

- 김치볶음밥은 의외로 맛있게 간 맞추기가 쉽지 않은 요리에요.
- 김치만 넣어서는 왠지 심심한데 이때 김칫국물과 고추장을 넣으면 촉촉하면서도 진한 김치 맛이 밥알에 잘 배어 들고, 설탕은 김치의 신맛을 중화시켜 맛의 균형을 맞추는 역할을 합니다. 취향에 따라 다를 수 있지만, 볶음밥용 김치는 잘게 다져 볶는 것이 밥알과 잘 어우러져 더 맛있어요.
- 다진 햄이라던가 참치 등의 재료를 더해서 만들어도 너무 좋고, 기호에 맞게 파슬리 가루나, 쪽파를 잘게 썰어 위에 뿌려 먹으면 더욱 맛있어요.
- 전자레인지 시간은 음식의 양에 따라 달라진다는 것 아시죠? ^^

찬밥 + 마늘! 건강한 한 끼 마늘 볶음밥 4분

마늘 볶음밥 만들기

항암효과와 항노화작용, 성인병 예방에도 널리 알려진 건강 장수 식품 찬밥과 마늘만 있으면 건강한 한 끼가 완성되는 마늘 볶음밥!

익히면 고유의 매운맛은 사라지고 알싸하니 고소한 단맛이 일품인 마늘로 불이 아닌 전자레인지에서 간단하게 만든 건강한 한 끼 어떨까.

평소 마늘을 안 먹는 아이들과 어른들의 입맛에도 자극적이지 않아 건강한 한 끼로 딱 좋다.

INGREDIENTs

마늘 7알

브로콜리 약간

소금, 후추

찬밥 한 공기

버터 약간

올리브 오일 1큰술

굴 소스 1작은술

RECIPE

❶ 브로콜리는 전자레인지에서 ⏰ 1분 정도 가열 후 꺼내어 물기를 꽉 짜주고 잘게 다져 준다.

❷ 마늘은 편으로 썰고 버터와 소금, 후추 올리브유 1큰술을 넣고 마늘을 올려 전자레인지에서 ⏰ 2분 가열해 준다.

❸ 찬밥 한 공기, 굴 소스 1작은술, 손질해 놓은 브로콜리를 넣고 골고루 섞어 전자레인지에서 ⏰ 1분 가열해 준다.

★마늘 볶음밥 완성★

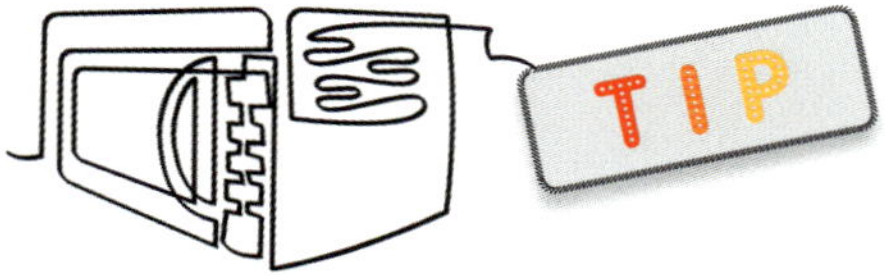

• 마늘은 충분히 익혀 주어야 고소한 단맛이 난답니다.

• 버터가 느끼하면 올리브유만 첨가해도 좋네요.

• 굴 소스는 마트에서 많이 팔아요.

• 전자레인지 시간은 음식의 양에 따라 달라질 수 있으니 반드시 시간 조절을 해야 하겠죠?

PART 5

고기, 구울까? 볶을까?

1인 가구 즉 싱글족이 늘어가면서 혼자 밥 먹는 '혼밥족' 혼자 술 마시는 '혼술족'이라는 다양한 신조어가 생기고 있다.
또한, 혼자서 밥 먹을 수 있는 1인 식당도 늘면서 혼자 밥 먹는 혼밥 레벨도 생기고 있는 가운데, 주 4회 이상은 혼자서 밥을 먹는 1인 가구가 늘고 있다는 조사결과가 있다.

그중 편의점과 분식집에서는 혼밥을 하는 데 별로 눈치 볼 것 없지만, 삼겹살, 전골 요리, 생선회 등은 2인분 이상이나 대, 중, 소로 주문을 해야 먹을 수 있기에 아직은 혼밥을 하는 싱글족에게는 그런 요리를 주문해 먹을 수 있는 곳이 많지 않은 게 우리나라의 현실이다.

그럼 집에서 혼자 구워 먹는 고기는 사실 생각조차 하기 싫은 것은 기름이 튀고 설거지가 힘든 것이 단점이다.

PART 5에서는 집에서 간단하고 쉽게 남의 눈치 안 보며 나 혼자 고기를 구워 먹는 방법과 대중적으로 많이 접하는 고기를 구우면서 기름이 튀지 않고 맛있게 굽는 방법을 정리해 보았다.

"너 혼자 밥을 어떻게 먹니?"라는 질문을 받을 때가 있다.

혼자서 밥을 먹으면 청승맞아 보이는 건 아마도 혼밥을 하면서 누리는 즐거움을 모르기 때문에 하는 소리인 것 같다.

냄새로 유혹하는 닭꼬치 4분

닭꼬치 만들기

길거리에서 냄새로 유혹하는 "닭꼬치"이다.

아이들의 고단백 영양식으로도 아주 훌륭하고 달콤 짭조름해 어른들의 술안주 겸 밥 반찬으로도 어울리는 녀석이다.

만드는 소스가 매콤하지 않아 아이들이 매우 선호하는 간식 중 하나이다.

마트에 있는 데리야끼 소스를 사용하면 더욱 편리하고 간편하게 전자레인지에서 만들 수 있다.

INGREDIENTs

닭가슴살 150g

통마늘 10개

대파 1뿌리

올리브 유 1큰술

데리야끼 소스

후추, 소금

맛술 2큰술

RECIPE

1. 닭가슴살은 먹기 좋은 크기로 썰어 소금, 후추, 맛술을 넣고 잡내 제거를 위해 ⏰ 1시간 정도 재워 둔다
2. 큰 마늘은 반으로 썰고 작은 마늘은 그대로 꼭지를 잘라 준비하고 대파는 한입 크기로 적당히 잘라 준비한다.
3. 나무 꼬지에 파-닭가슴살-마늘 순으로 꽂아 준다.

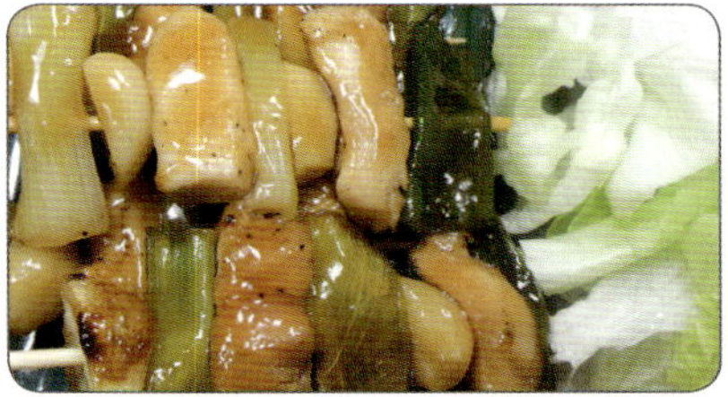

4. 데리야끼 소스를 발라 준다.
5. 전자레인지 그릇에 닭꼬치를 담고 종이 포일로 감싸 전자레인지에서 ⏰ 2분 가열후 꺼내어 뒤집어 다시 데리야끼 소스를 한 번 더 바른 후, 다시 ⏰ 2분 가열해 준다.

★ 닭꼬치 완성 ★

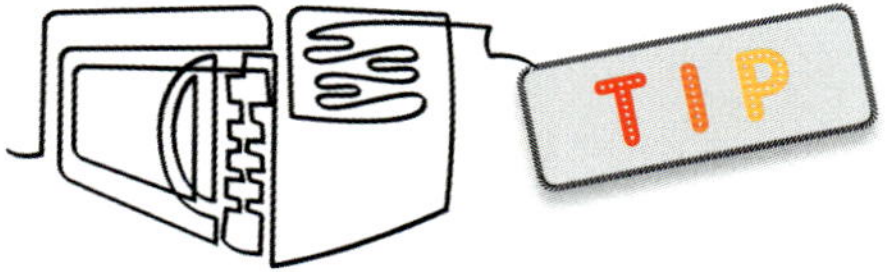

- 종이 포일로 그릇을 한번 감싸주면 데리야끼 소스가 튀는걸 방지 할 수 있어요.
- 취향에 따라 고추장 소스를 사용하셔도 매우 좋아요.
- 전자레인지의 시간은 음식의 양에 따라 달라질 수 있으니 시간을 가감해 주세요.

고기,
구울까?
볶을까?

소고기 밀푀유 3분

소고기 밀푀유 만들기

천 개의 잎사귀라는 뜻의 밀푀유나베 레시피가 작년 한 해 선풍적인 인기를 끌었다. 쌀쌀한 겨울 김장철이 다가오면 달큰한 배춧잎으로 만들어야 제맛인 밀푀유나베에 버섯도 듬뿍 넣고 채소와 샤부샤부용 고기의 캐미가 어찌나 잘 어울리는지 거기에 깻잎의 향까지 부담없이 누구나가 좋아할 그런 국물 요리가 되겠다. 육수와 소스만 준비한다면 일교차가 심할 때 먹기 제격이고 손님상에 내놓아도 손색없고, 혼자서 따뜻한 국물 요리가 생각난다면 전자레인지로 간편하게 만드는 건 어떨까?
단, 밀푀유나베에 들어가는 육수의 깊은 맛이 나도록 푹 끓여야 하기에 부득이 불을 이용하였다.

INGREDIENTs

소고기
(샤부샤부 용)

배춧잎

깻잎

숙주 한줌

멸치 육수

* 버섯 육수 만들기
파, 무, 다시마, 표고버섯,
멸치, 소금 약간, 간장

RECIPE

❶ 냄비에 파, 무, 다시마, 건 표고버섯, 멸치를 넣고 육수를 낸 후 소금과 한식 간장으로 간을 한다.

❷ 배추-깻잎-고기-배추-깻잎-고기 순으로 쌓는다.

❸ 전자레인지 그릇의 깊이에 맞게 2~3등분으로 잘라 준다.

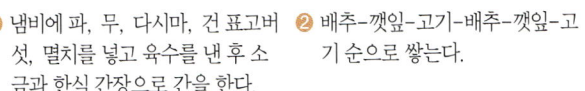

❹ 전자레인지 그릇에 숙주를 깔아 준다.

❺ 썰어 놓은 밀푀유를 전자레인지 그릇 바깥쪽부터 빙 돌려 차곡차곡 쌓아 준다.

❻ 팽이버섯과 육수 낼 때 사용했던 표고버섯을 썰어 올려 준다.

❼ 육수는 밀푀유가 잠길 듯 말 듯 부어 주고 전자레인지에서 ⏰ 10분 가열해 준다.

★ 소고기 밀푀유 완성 ★

TIP

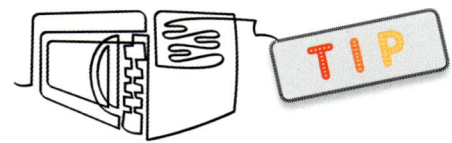

- 찍어 먹는 소스는 시판하는 폰즈 소스를 사용하는 게 좋아요.
- 폰즈 소스에 청양고추나 쪽파를 잘게 다져 섞어 드셔도 맛있어요.
- 개인 취향에 맞게 칠리 소스를 사용해도 좋아요.
- 전자레인지의 시간은 음식의 양에 따라 달라질 수 있어요.

전자레인지 양념 삼겹살 굽기 3분

양념 삼겹살 만들기

프라이팬에 굽자니 여기저기 바닥에 튀는 기름과 연기…
먹고 난 후 산더미처럼 쌓이는 설거지들…
가끔은 혼자 삼겹살이 먹고 싶을 때 먹을 만큼만 전자레인지에서 굽는
간편한 방법으로 삼겹살을 구워 보자.
구워지는 시간이 짧아 먹으면서 구울 수 있다는 게 최고의 장점!

INGREDIENTs

생삼겹 300g

간장 1큰술

다진 양파 1/2개

참기름 1큰술

다진 대파 1/2뿌리

고춧가루 3큰술

고추장 1큰술

RECIPE

❶ 채소는 모두 다져서 양념을 골고루 섞어 준 후 생삼겹살을 넣고 조물조물 무쳐 준다.

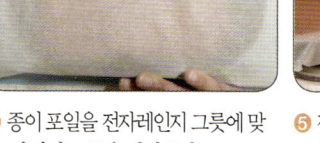

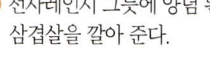

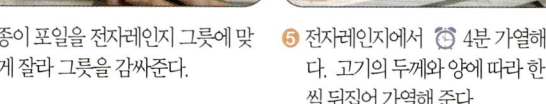

❷ 양념한 고기는 숙성을 위해 냉장고에서 ⏰ 30분간 숙성 과정을 거친다.

❸ 전자레인지 그릇에 양념 된 삼겹살을 깔아 준다.

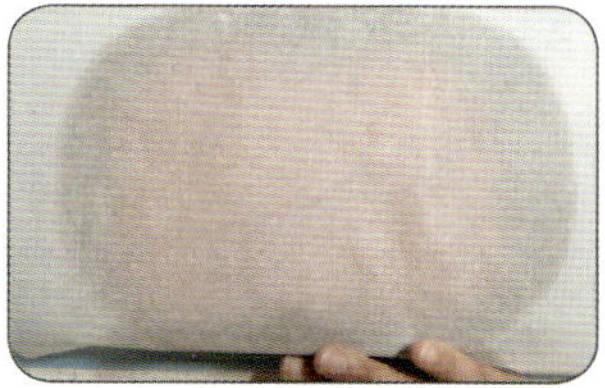

❹ 종이 포일을 전자레인지 그릇에 맞게 잘라 그릇을 감싸준다.

❺ 전자레인지에서 ⏰ 4분 가열해 준다. 고기의 두께와 양에 따라 한 번씩 뒤집어 가열해 준다.

★ 양념 삼겹살 완성 ★

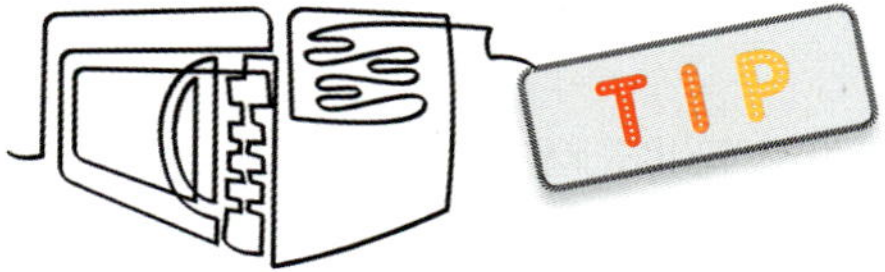

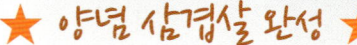

- 삼겹살은 기름이 많은 부위이므로 골이 있어 기름이 빠지는 전자레인지 그릇을 사용하는 게 좋아요.
- 기름이 튈 수 있으니 종이 포일로 덮고 가열해 주는 게 좋답니다.
- 고기의 두께와 양에 따라 전자레인지 시간을 가감하면서 뒤집어 주면 골고루 잘 익어 맛있는 삼겹살이 된답니다.
- 시판하는 양념된 고기를 사용하셔도 아주 좋아요.

이보다 더 간단할 수 없는 한 그릇 닭가슴살 덮밥 5분

닭가슴살 덮밥 만들기

싱크대에 넉넉히 쌓아 두었던 닭가슴살 캔과 자취생이라면 누구나 갖춰 놓는 데리야끼 소스와 양파, 그리고 계란으로 만들어 전자레인지에서 5분 만에 멋진 한 그릇으로 탄생한 닭가슴살 덮밥이다.

싱글족이나 자취생들도 손쉽게 만들 수 있고 맛까지 훌륭한 닭가슴살 덮밥은 양파를 싫어하는 사람들도 거부감 없이 먹을 수 있으며 또 간단하게 만드는 대신에 멋진 그릇에 담는다면 대충 때우는 한 끼라도 폼나고 맛있게 먹을 수 있다.

INGREDIENTs

닭가슴살 통조림 1캔

계란 1개

양파 1/2개

마늘 20알

데리야끼 소스 3큰술

쪽파 1개

밥 한 공기

RECIPE

❶ 전자레인지 그릇에 생수 한 컵과 데리야끼 소스 3큰술을 넣는다.

❷ 마늘은 편으로 썰고 양파는 채를 썰어 함께 넣고 골고루 섞어 전자레인지에서 ⏰ 3분 가열해 준다.

❸ 계란 1개는 잘 풀어 준비한다.

❹ 전자레인지의 시간이 끝나면 꺼내어 계란 푼 것을 넣고 계란이 익을 때까지 다시 전자레인지에서 ⏰ 1분 가열해 준다.

❺ 예쁜 그릇에 밥 한 공기를 담고 그 위에 ❹를 올려 준다.

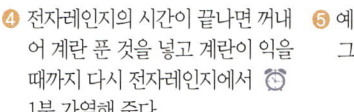

❻ 캔에 든 닭가슴살은 물기를 쪽 빼고 전자레인지 그릇에 담아 전자레인지에서 ⏰ 1분 정도 가열한 후 꺼내어 밥 위에 올려 준다.

★ 닭가슴살 덮밥 완성 ★

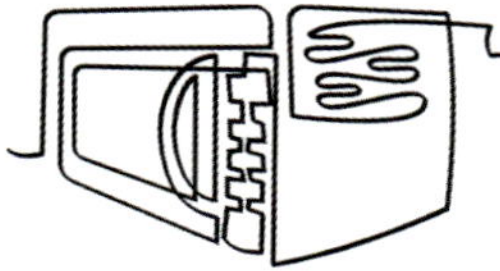

TIP

- 꼭 전자레인지 그릇을 사용하세요.
- 시판하는 데리야끼 소스를 사용하시면 더욱 편리합니다.
- 닭가슴살 대신 불고기를 이용하셔도 좋아요. 그럼 불고기 덮밥이 된답니다.
- 불고기는 양념이 되어 있다거나 불고기 양념을 따로 하여 위와 같은 방법으로 조리하시면 된답니다.
  단, 불고기를 사용할 경우엔 전자레인지에서 익을 때까지 가열해 주세요.
- 전자레인지 시간은 음식의 양에 따라 달라질 수 있으니 시간을 가감해 주세요.

고기,
구울까?
볶을까?

시판하는 고추장양념 제육볶음 5분

고추장양념 제육볶음 만들기

단백하고 지방도 적당해 가끔은 마트에서 저렴한 가격에 양념해 놓은 제육을 사 소포장하여 냉동실에 얼려 놓으면 언제든지 꺼내어 해동할 필요 없이 바로 전자레인지 그릇에 올려 전자레인지에서 손쉽게 볶아 밥상에 올리면 빨갛게 볶아진 제육볶음 한 접시는 식구들의 젓가락을 아주 바쁘게 한다.

INGREDIENTs

고추장양념 제육 100g

RECIPE

❶ 양념해 놓은 고기 100g을 전자레인지 그릇에 담는다

❷ 전자레인지에서 ⏰ 5분 가열해 준다.
❸ 중간에 전자레인지 뚜껑을 열고 골고루 뒤집어 준다.

❹ 참깨를 솔솔 뿌려 식탁에 올린다.

★ 고추장양념 제육볶음 완성 ★

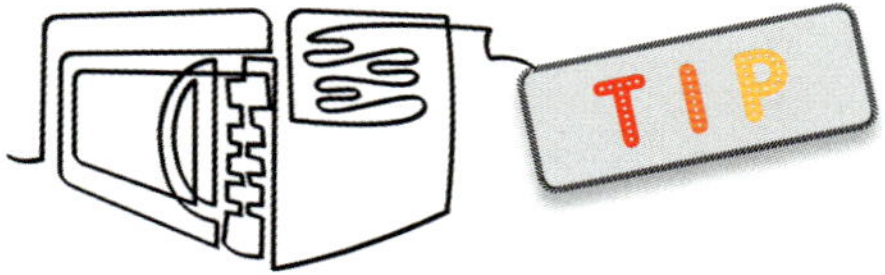

- 제육볶음을 좋아한다면 돼지 앞다릿살을 이용해 보세요.
- 가격도 저렴하고 지방이 적어 다이어터들에게도 매우 좋답니다.
- 전자레인지 그릇은 기름이 빠지는 골이 있는 그릇을 사용하시면 좋아요.
- 전자레인지의 시간은 음식의 양에 따라 달라질 수 있으니 시간을 가감해 주세요.

PART 6

2% 부족한 편의점 음식! 내 맘대로 조합해 먹자

요즘은 1인 가구가 증가함과 동시에 편의점의 도시락이나 레토르트의 판매가 다른 때보다 매출이 훨씬 증가하고 있다고 한다.

간편식으로 고급스럽게 소포장 제품을 많이 내놓고 있어 혼자 사는 독신 남녀들에게는 인기 최고이다.

심지어 대형마트 보다 동네의 작은 편의점에서 장 보는 게 편하다고 할 정도이다.
그만큼 혼자 사는 사람들이 자주 찾는 곳이 편의점이라 해도 과언은 아니다.

하지만 편의점의 도시락이나, 간편하게 먹을 수 있는 컵라면과 주먹밥은 먹으면 왠지 뭔가 부족한 것 같기도 하고 먹어도 배가 부르지 않아 또 다른 간식거리로 배를 채우는 경우가 많다
PART 6에서는 단순히 데워만 먹었던 편의점음식을 더욱 맛있게, 2%로 부족한 편의점음식을 고급스런 한끼 식사로 만들어 고급지고 배부르게 만들어 먹을 수 있는 초간단 전자레인지 편의점 요리를 정리했다.

삼각김밥과 콩나물만 있으면 고추장 하나로 전주비빔밥 못지않은 비빔밥을 만들고, 면과 밥을 섞은 볶음밥과 짜장면과 떡과 치즈의 환상궁합으로 만든 짜장 치즈 떡볶이, 손 하나 까딱하기 싫은 주말 쌀과 밥이 없을 때 면만 있으면 만들 수 있는 면 리소토, 볶음면을 먹은 후 밥까지 비벼 먹을 수 있는 센스 있는 한 끼 식사까지…

자취하거나 혼자 사는 싱글족도 정말 초간단하게 만들어 먹을 수 있고, 편의점에서 장 보는걸 좋아하는 나홀로족들에게 무척이나 인기 있는 레시피이다.
단순히 데워만 먹었던 편의점 음식을 다른 재료와 재조합하여 가격 대비 양도 많고 더 맛있고 간편하게 전자레인지 그릇 하나와 전자레인지만 있으면 설거지할 걱정도 덜어 줄 수 있는 편의점 재조합 요리!

삼각김밥과 콩나물을 이용한 전주 콩나물 비빔밥 4분

전주 콩나물 비빔밥 만들기

단순히 데워만 먹었던 편의점의 삼각김밥!!
그냥 먹기엔 약간 부족할 것 같아 아쉬운 편의점 음식을 다른 재료와 재조합하여 좀 더 맛있게 먹고 싶을 때~
그럴 땐 삼각김밥과 냉장고 속에 있는 약간의 콩나물만 준비해 삼각김밥의 밋밋한 맛과 2% 부족했던 맛을 맛있고 배부르게 먹을 수 있다.

INGREDIENTS

주먹밥 2개

콩나물 한 줌

참기름 1큰술

❶ 편의점에서 판매하는 전주비빔 삼각김밥 2개를 준비한다.

❷ 콩나물은 한 줌 정도 씻어 준비한다.

❸ 전자레인지 그릇에 한 줌의 콩나물과 삼각김밥을 올리고 전자레인지에서 ⏰ 4분 정도 가열해 준다.

❹ 완성 후 비벼 식탁 위에 올리면 완성

★ 전주 콩나물 비빔밥 완성 ★

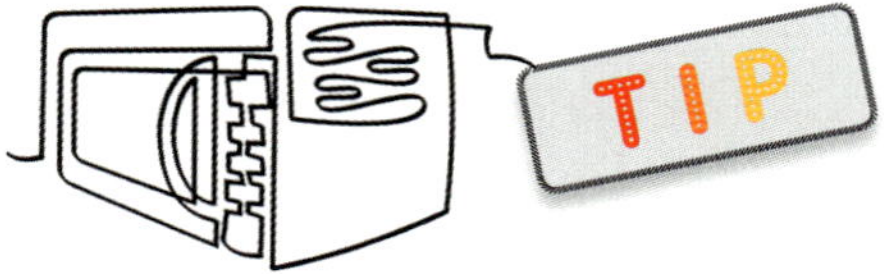

- 기호에 따라 고추장을 더 첨가해 간을 맞추어 주세요.
- 김과 깨도 섞어 먹으면 더욱 고소한 비빔밥을 즐길 수 있답니다.
- 전자레인지의 시간은 음식의 양에 따라 달라 질 수 있으니 적절히 조절해 주세요.
- 참치 삼각김밥으로 참치마요에도 도전해 보세요.

저렴한 한 끼의 품격! 매운 쫄비&밥 7분

매운 쫄비&밥 만들기

지난해 모디슈머의 인기와 팔도 쫄비빔면의 등장으로 매운 음식에 대한 열풍이 한동안 인기였다.
강렬하게 매운맛과 쫄깃한 면, 바로 온 국민의 입맛을 사로잡았던 쫄비빔을 그냥 먹어도 좋지만 가끔은 새로운 매운맛으로 입맛을 살려 보는 건 어떨까?
온 국민의 사랑을 받았던 쫄비빔면으로 새로운 한 끼에 도전해 보자!
면을 먹고 있는 건지 밥알을 씹고 있는 건지도 모르게 목으로 부드럽게 넘어가는 매력 있는 저렴하고 품격있는 한 끼!

INGREDIENTs

쫄비빔면 1개

햇반 (작은 공기)

생수 1컵
(종이컵 기준)

파마산 치즈 가루

조미김 약간

RECIPE

❶ 쫄비는 봉지째 부셔서 전자레인지 부셔서 전자레인지 그릇에 부어 준다.

❷ 남은 찬밥 또는 햇반과 액상스프를 잘게 부순 면 위에 올려 준다.

❸ 종이컵으로 1컵 정도 붓고 섞어 준 후 전자레인지에서 ⏰ 7분 가열해 준다.

❹ 중간에 한 번 정도 전자레인지 문을 열고 섞어 다시 가열해 준다.

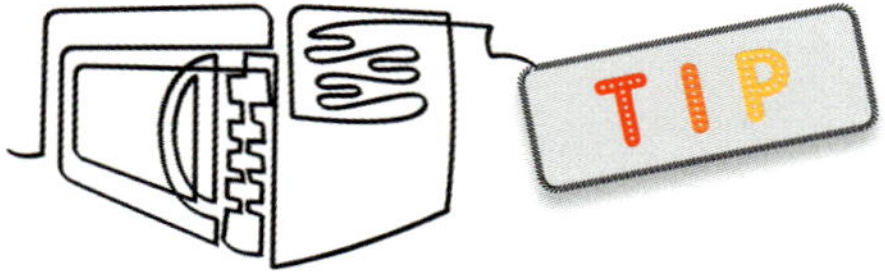

- 기호에 맞게 파마산 치즈가루와 조미김을 뿌려 먹으면 더욱 맛있습니다.
- 집에 있는 찬밥을 이용하셔도 좋아요.
- 음식의 양에 따라 조리시간이 달라 질 수 있으니 전자레인지 시간은 적당히 가감해 주세요.

고급 레스토랑 부럽지 않은 크림 파스타 13분

크림 파스타 만들기

요즘은 마트나 편의점에 가면 손쉽게 조리해 먹을 수 있는 소스들이 다양하다.
한 봉지 사면 남자 둘이서 든든하게 한 끼 먹을 수 있는 버섯 크림파스타!!
생크림을 사지 않고도 아주 그럴싸하게 만들어 먹을 수 있는 버섯 크림파스타는 면을 평평한 전자레인지 그릇에 담아 전자레인지로 삶는 것이 포인트라면 포인트!!
양송이버섯과 마늘의 캐미가 환상적인 한 끼 식사다.
만드는 방법이 간단한 대신 대충 꺼내어 놓고 먹지 말고 예쁜 그릇에 담아 식탁에 올려 보는 건 어떨까?

INGREDIENTs

스파게티 70g

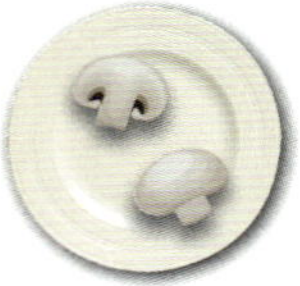

양송이 버섯

마늘 5알

버섯크림 스파게티 소스

RECIPE

❶ 편편하고 넓은 전자레인지 그릇에 스파게티 면을 담고 면이 잠길 정도의 물을 붓고 올리브오일 한 큰술을 넣어 준다.

❷ 전자레인지에서 ⏰ 8분 가열해 준다.

❸ 마늘과 양송이버섯은 편으로 설어 준비한다.

❹ 삶아져 나온 스파게티는 5~6큰술 정도만 남기고 물을 따라 낸다.

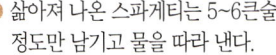

❺ 편으로 썰어 놓은 마늘을 넣고 전자레인지에서 ⏰ 2분 30초 가열해 준다.

❻ 가열이 끝나고 나온 스파게티에 버섯 크림소스 한 봉지를 붓고 전자레인지에서 다시 ⏰ 3분 가열해 준다.

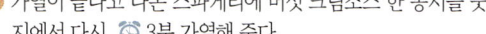

❼ 소스와 면을 섞어 예쁜 그릇에 담는다.

★ 크림 스파게티 완성 ★

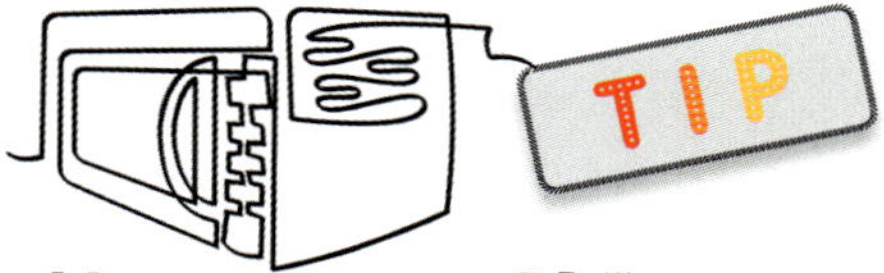

- 취향에 따라 파마산 치즈가루를 뿌려 드시면 더욱 고소하답니다.
- 시판되는 소스라 약간 짭조름하니 소스의 양은 적절히……
- 봉지째 전자레인지에 가열하면 위험하니 꼭 전자레인지 전용 그릇에 담고 가열해 주세요.
- 음식의 양에 따라 전자레인지의 시간이 달라질 수 있으니 시간을 조절해 주세요.
- 이것저것 좋아하는 야채나 버섯, 베이컨 등을 넣으면 매우 좋아요.
- 스파게티를 만들어 먹는다는 게 왠지 거창하고 어려울 거라고 생각했거나 늘 돈 주고 사 먹어야 했던 스파게티를 이제는 집에서 휘리릭 만들 수 있답니다.

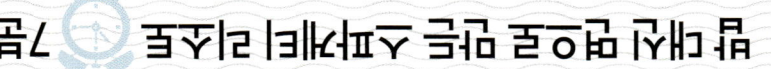

밥 대신 면으로 만든 스파게티 리소토 7분

스파게티 리소토 만들기

냉장고를 열어 보니 먹을것이 아무것도 없다!!
편의점에 진열대엔 수북히 쌓인 데워만 먹는 스파게티!!
포장을 열어 보니 한끼 먹기엔 조금은 아쉬운 편의점 음식
이럴땐 집에 있는 찬밥을 섞어 스파게티리소토를 만들어 보자.
갖은 채소를 다져 넣어 주면 아삭아삭 씹히는 채소의 식감이 편의점 음식을 훨씬더 맛 있게 만들어 준다.

INGREDIENTs

편의점
볼로네이즈 스파게티

피망

양파

모차렐라 치즈

RECIPE

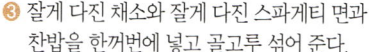

❶ 스파게티는 봉지를 뜯어 면을 도마에 올리고 잘게 밥알처럼 다져 준다.

❷ 양파와 피망은 잘게 다져 준다.

❸ 잘게 다진 채소와 잘게 다진 스파게티 면과 찬밥을 한꺼번에 넣고 골고루 섞어 준다.

❹ 전자레인지 그릇에 따로 담고 모차렐라 치즈가 녹을 때까지 ⏰ 2분 가열해 준다.

★ 스파게티 리소토 완성 ★

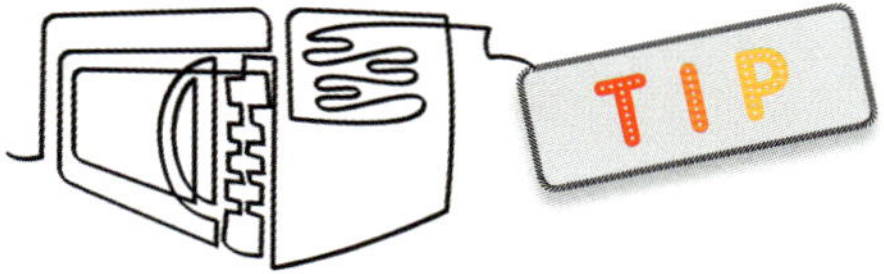

- 크림 스파게티로 만들면 더욱 맛있답니다.
- 파슬리가루가 있으면 뿌려 주는 것도 좋아요.
- 음식의 양에 따라 전자레인지의 시간을 조절해 주세요.
- 음식의 양이 적다 싶으면 찬밥 반 공기 정도 함께 사용하시면 든든한 한 끼가 해결된답니다.
- 채소를 다져 넣어주면 아삭아삭 씹히는 채소의 식감과 향이 편의점 음식을 훨씬 더 맛있게 만들어 준답니다.

편의점 메뉴 Best 3로 만든 매운 불닭 볶음밥 4분

매운 불닭 볶음밥 만들기

편의점음식의 재조합은 특히 자취생들에게 인기 있는 음식이다.
내 취향과 내 입맛에 맞게 만들어 먹는 편의점음식 재조합은 누구나 할 것 없이 인기 폭발이다. 특히 스트레스가 극에 달했을 때 매운 음식을 먹는 것만큼 스트레스 해소 방법은 없는 것 같다.
포장을 뜯어 서로 섞어 비벼주기만 하면 간단하고 맛은 그야말로 감탄사가 절로 나오는 아주 재밌는 편의점 음식이다.
매운 편의점음식 재조합으로 그동안 받았던 스트레스를 날려 보는 건 어떨까?

INGREDIENTs

BBQ 치즈 불닭 삼각김밥 1개

삼각김밥 1개

순 닭가슴살 매운 불닭

RECIPE

① 삼각김밥에 싸여 있는 김을 벗겨낸 후 전자레인지 그릇에 삼각 김밥을 담는다.

② 벗겨 놓았던 김은 가위로 잘게 잘라 놓는다.

③ 양파와 당근을 잘게 다져 밥 위에 올린다.

④ 닭가슴살 통조림의 뚜껑을 열고 밥 위에 올려 골고루 섞이게 비벼 준다.

⑤ 전자레인지에서 ⏰ 4분 동안 가열해 준다.

⑥ 잘라놓은 김을 밥 위에 뿌려준다.

★ 매운 불닭 볶음밥 완성 ★

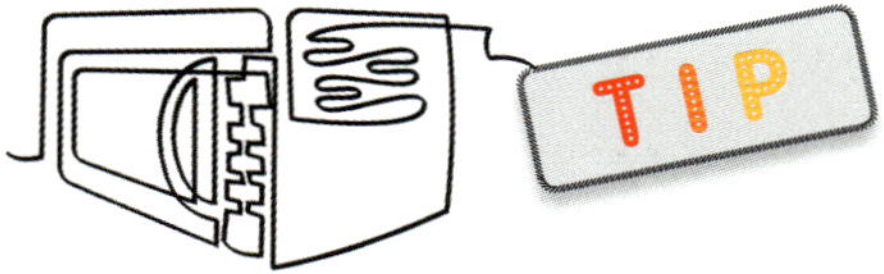

- 매운맛을 좋아하시는 분들은 청양고추를 더 추가하여 볶아도 된답니다.
- 음식의 양에 따라 전자레인지의 시간을 가감해 주세요.
- 닭가슴살이 대신 참치를 넣어도 맛있답니다.

PART 7

양념과 조리를 동시에, 초간단 전자레인지 밑반찬 만들기

일하랴~ 밥하랴~
워킹맘은 어쨌든 쉬는 날이 없다.
사다 먹고 데워먹고, 설거지며 할 일이 없는 게 아닌데……
그나마 주말을 이용해 일주일 먹을 아이들의 밑반찬을 만들다 보면 주말이 쉴 틈 없이 바쁜 게 현실이다.

시대가 변함에 있어 사회활동과 가정생활을 병행하는 워킹맘들이 늘고 있다.

정작 매 끼니가 중요한 아이들의 식탁은 인스턴트 식품과 반조리 식품, 또는 주문 음식으로 식탁을 차리기가 바쁘고 그러다 주말을 이용해 일주일간 먹을 아이들 반찬을 만들기란 그리 쉬운 일은 아니다.
그렇다고 아이들에게 매번 즉석식품이나 계란 프라이로 식탁을 대신할 수 없는 일……

아이들 키우며 집안일 하랴, 직장 다니랴…
힘든 워킹맘들을 위해 불 앞에 서서 지지고 볶을 필요 없이 재료와 간단한 양념만 있다면 전자레인지에서도 쉽게 완성되는 밑반찬을 정리해 보았다.

요리를 못 하는 초보자들도 쉽게 따라 할 수 있어 간편하고 미리 양념을 해 냉장고에 넣어 두었다가 아침 시간에 전자레인지 시간만 맞추어 가열해 주기만 하면 완성된다.

양념과 조리를
동시에,
초간단 전자레인지
밑반찬 만들기

새우젓 애호박 볶음 3분

애호박 볶음 만들기

어린이 면역력에 좋은 또 하나의 음식 "호박"

새우젓을 넣어 깔끔한 맛의 애호박 새우젓 볶음은 센 불에 볶지 않고, 단시간에 전자레인지에서 조리되어 아삭하고 담백한 애호박 고유의 맛을 즐길 수 있다.

모든 밑 손질과 양념을 한꺼번에 하여 전자레인지에서 한 번만 가열해주면 아주 쉽고 간편하게 밑반찬을 완성할 수 있다.

채소는 전자레인지에 삶으면 영양소 파괴가 적고, 잎과 뿌리 부분이 골고루 익어 부드럽고 아삭한 식감을 그대로 즐길 수 있다.

INGREDIENTs

애호박 80g

다진 마늘

양파 반개

새우젓 약간

참깨 약간

RECIPE

❶ 애호박은 반으로 갈라 반달썰기를 해서 소금에 ⏰ 5분 정도 절인 후 물기를 짜서 준비해 둔다.

❷ 양파는 채를 썰어 준비한다.

❸ 절인 호박과 양파, 마늘, 새우젓, 참기름을 넣고 살살 버무려 준다.

❹ 전자레인지 그릇에 ⏰ 3분 가열해 준다.

★ 애호박 볶음 완성 ★

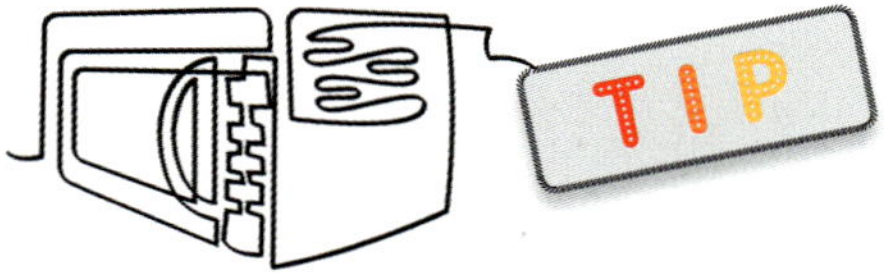

- 기름에 볶지 않아 칼로리도 줄어든답니다.
- 새우젓의 짠 정도에 따라 양을 가감해 줍니다.
- 전자레인지의 시간은 음식의 양에 따라 달라질 수 있으니 시간을 적절하게……
- 애호박은 조리 전 소금에 5분 정도 절여주고 물기를 꽉 짜주어야 아삭하게 드실 수 있어요.

두고두고 먹을 수 있는 깻잎나물 무침 5분

깻잎나물 무침 만들기

깻잎을 찌거나 어린 깻잎 순을 살짝 전자레인지에서 삶아 바로 무쳐낸 것이 깻잎나물 무침이다.

다듬은 깻잎 순을 끓는 물에 삶지 않고 전자레인지에서 뚝딱 삶아내어 조선간장과 들기름에 바로 무쳐낸 깻잎나물 무침은 비타민과 무기질이 풍부하고 독특한 어린 깻잎의 향이 잃었던 입맛을 돋우어 준다.

은은하고 향기로운 깻잎 향에 한번 취하고 맛에 또 한 번 취하고~

기본에 충실한 반찬을 원할 때 깻잎나물 무침

INGREDIENTs

깻잎 1단

양파

조선간장

마늘

다진 파

들기름

깨소금

RECIPE

1. 어린 깻잎의 굵은 대는 빼고 어린잎만 떼어내어 흐르는 물에 깨끗이 씻어 준다.

2. 씻은 깻잎 순은 물기를 털지 말고 전자레인지 그릇에 담아 ⏰ 5분 가열해 준다.

3. 삶아진 깻잎은 찬물에 두어 번 헹구어 물기를 꽉 짜준다.

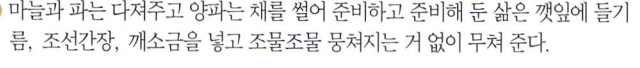

4. 마늘과 파는 다져주고 양파는 채를 썰어 준비하고 준비해 둔 삶은 깻잎에 들기름, 조선간장, 깨소금을 넣고 조물조물 뭉쳐지는 거 없이 무쳐 준다.

★ 깻잎나물 무침 완성 ★

TIP

- 양념 된 깻잎나물을 전자레인지에 가열하면 깻잎나물 볶음이 된답니다.
- 조선간장이 없으면 소금과 양조간장을 사용하여 간을 하여도 좋아요.
- 전자레인지의 시간은 음식의 양에 따라 달라질 수 있으니 적절히 가감해 주세요.

양념과 조리를
동시에,
초간단 전자레인지
밑반찬 만들기

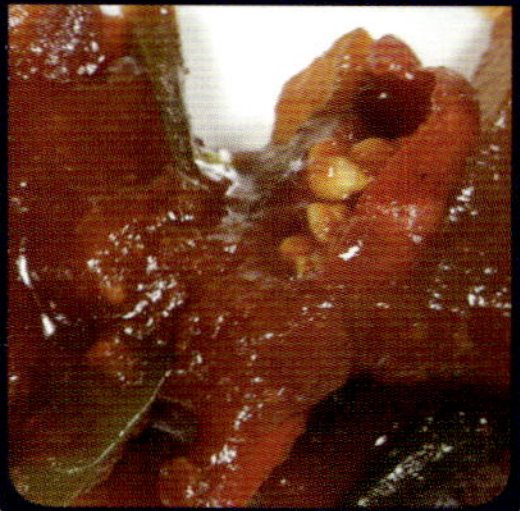

잃어버린 입맛 살리기 멸치 무조림 14분

멸치 무조림 만들기

항상 시원한 국물을 만들어 주는 무!
그냥 깎아 먹어도 시원하고 찌개에 넣어 끓여 먹기도 하고 무밥 등 정말 다양한 요리가 많다.
무를 큼직하게 썰어 멸치 넣고 고추장을 넣어 자작자작하게 끓인 달큰한 무조림이 생각이 날 때……
이제는 전자레인지에서도 멸치가 들어가 한층 더 깊은 달큰한 무조림을 느낄 수 있다.

INGREDIENTs

무 반 토막
(흰 부분)

청, 홍고추 1개

대파 반 뿌리

* 양념장

다시마 육수 한 컵, 간장 5큰술, 고춧가루 1큰술, 고추장 2큰술, 올리고당 2큰술, 마늘 1큰술, 생강 술 1큰술, 미림 1큰술, 설탕 반 큰술

RECIPE

❶ 무는 길게 반으로 자른 후 두께 0.8cm로 잘라 전자레인지 그릇에 올려 준비한다.

❷ 분량의 양념장을 섞어 준비한다. 썰어 놓은 무 위에 양념장을 뿌리고 대파, 양파, 고추는 어슷썰어 올려 준다.

❸ 전자레인지에서 ⏰ 7분 가열하고 뒤집어 ⏰ 7분 가열한다.

★ 멸치 무조림 완성 ★

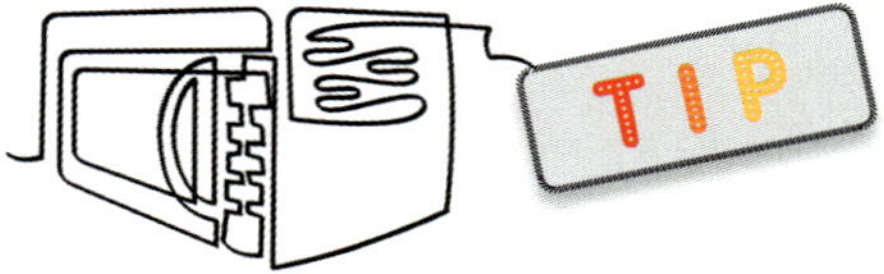

- 무를 너무 두껍게 썰면 전자레인지에서 가열하는 시간이 길어지니 적당한 두께로 준비하는 게 좋아요.
- 만들어 놓은 양념에 코다리찜도 가능하답니다.
- 무를 찔러 보았을 때 푹 들어가지 않는 것은 익지 않은 것이니 음식을 한번 뒤집은 후 음식의 양에 따라 시간을 가감해 가열해 주세요

여름 나물 가지무침 3분

가지 무침 만들기

4월에서 8월까지가 제철인 몸에 좋은 가지!

"몸에 좋은 음식은 입에 쓰다"는 말이 있다. 하지만 여름 가지는 맛도 있고 칼로리는 낮고 수분도 높아 다이어트하는 사람들에게 더없이 좋은 음식이다.

가지 하나로 만들 수 있는 음식도 다양하지만 그중 우리가 많이 즐겨 먹는 요리 방법은 찜통에 쪄서 한 김 식힌 후 먹기 좋은 크기로 잘라 갖은 양념에 무친 가지나물 무침이다. 여름 채소이긴 하지만 불 앞에서 해 먹기가 매우 번거로운 음식이 아닐 수 없다.

영양 손실도 없고 전자레인지에서 후다닥 빠른 시간안에 간단하면서도 만들기 쉬운 가지나물 무침을 만들어 보자.

INGREDIENTs

가지 2개 | 설탕 약간 | 간장, 참기름 | 다진 파, 다진 마늘 | 청양 고추 | 깨소금 | 고춧가루

RECIPE

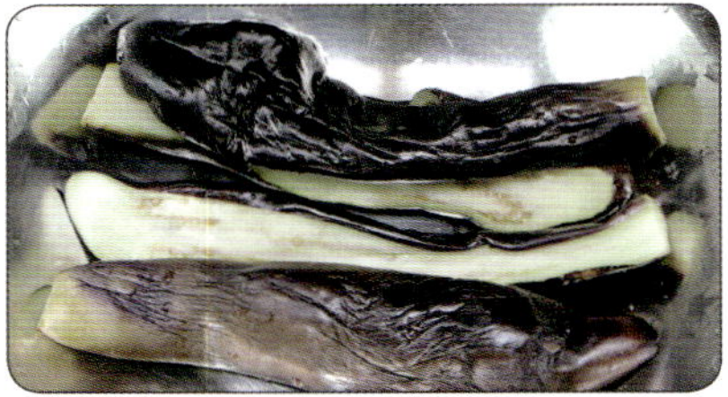

❶ 가지는 꼭지를 떼어내고 반으로 갈라 전자레인지 그릇에 담는다. 전자레인지에서 ⏰ 3분 가열해 준다.

❷ 전자레인지에서 꺼내어 한 김 식힌다.

❸ 바로 찬물에 담가 꺼내어 물기를 짜고 먹기 좋은 길이로 찢어준다.

❹ 볼에 만들어 놓은 양념장을 붓고 조물조물 무쳐 준다.

★ 가지 무침 완성 ★

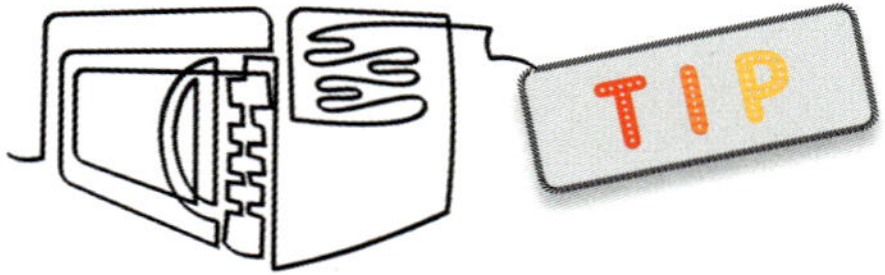

- 가지는 너무 오래 삶으면 껍질이 노랗게 변하고 물컹거려 씹는 식감도 없을뿐더러 가지 고유의 맛을 느낄 수 없게 된답니다.
- 가지는 찜기나 물에 삶는 것보단 전자레인지에서 단시간에 삶아내는 게 영양 손실을 최소화할 수 있어요.
- 이런 방법으로 삶아 가지 냉채도 만들 수 있어요.
- 전자레인지의 시간은 음식의 양에 따라 달라질 수 있으니 적절히 시간을 가감해 가열해 주세요.

감자채 볶음 5분

감자채 볶음 만들기

어릴 적 가장 흔한 도시락 반찬 메뉴는 감자채 볶음이다.
기름에 볶지 않아 담백하고 모든 재료를 손질해 전자레인지 그릇에 한꺼번에 올려 3분만 가열만 하면 완성된다.
바쁜 아침 가스레인지 앞에서 지지고 볶고 할 필요 없이 감자에 갖은 양념을 하여 간단하게 전자레인지에서 가열만 하여 식탁에 올릴 수 있는 초간단 밑반찬이다.

INGREDIENTs

감자 2개

다진 마늘 1/2 작은술

대파 적당량

참기름 1/2 작은술

참깨

소금, 후추

❶ 감자는 채를 썰어 소금물에 잠시 담가 전분을 빼 준 후 물기를 꼭 짜서 준비한다.

❷ 물기를 짠 감자에 마늘, 후추, 대파, 참기름을 넣고 조물조물 무쳐 준다.

❷ 전자레인지 그릇에 담아 ⏰ 5분 가열해 준다.

★ 감자채 볶음 완성 ★

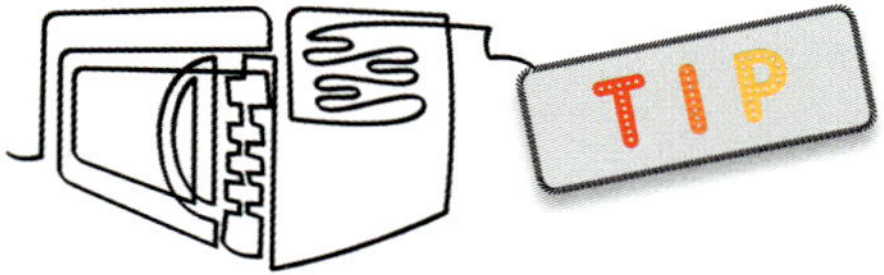

- 소금물에 잠시 담가 두어 전분을 빼 주어야 나중에 감자를 볶았을 때 서로 달라붙지 않아요.
- 취향에 따라 베이컨도 함께 넣으면 정말 맛있답니다.
- 중간에 한 번 정도 전자레인지의 뚜껑을 열고 뒤집어 주면 더욱 골고루 맛있게 잘 익는답니다.
- 전자레인지의 시간은 음식의 양에 따라 달라질 수 있으니 시간을 적당하게 가감해 주세요.

PART 8

저렴한 가격으로 손쉽게 만들 수 있는 집들이 음식

집들이 음식이나, 자녀의 생일상, 갑자기 집에 손님이 찾아 왔을 때 하는 고민은?

뭘 준비해야 하나 ……

그렇다고 거창하게 출장뷔페를 부르자니 그렇게 넉넉하지 못하고,
시켜먹는 주문 음식은 왠지 성의가 없어 보일 수 있고,
무한애정으로 직접 만들자니 비용과 시간 대비 자신 없는 음식 실력에 그만 손을 놓고 마는
초보 주부들……

PART 8에서는 비용도 저렴하면서 쉽고 간단하게 따라 할 수 있는 전자레인지 요리를 정리했다.

빵 하나로 거뜬하게 차릴 수 있는 아이들 생일상 요리와 시판하는 떡갈비 몇 조각으로 만든 근사한 찜요리, 남은 자투리 채소로 잔칫상에 빼놓을 수 없는 LTE급 잡채까지 손쉽게 만들어 손님상에 내놓아도 전혀 손색이 없는 집들이 음식으로 가족들과 행복한 시간을 만들어 보자.

저렴한 가격으로
손쉽게 만들 수 있는
집들이 음식

꿀 치즈 바게트 3분

꿀 치즈 바게트 만들기

치즈와 쪽파, 꿀의 절묘한 조합이 정말 좋아 재료 본연의 맛을 그대로 느낄 수 있는 꿀 치즈 바게트이다.

꿀의 은은한 단맛도 그렇게 강하지 않아 단 음식을 싫어하는 분도 부담 없이 먹을 수 있다.

입맛 잃은 아이들의 입맛을 살릴 수 있는 엄마 간식!

특히 치즈와 파를 안 먹는 아이들도 "엄마 최고!!"라며 '엄지척'할 수 있는 요리이다.

INGREDIENTs

바게트 1개

슬라이스 치즈 6장

쪽파 약간

파마산 치즈 약간

꿀 약간

RECIPE

❶ 바게트를 준비하고 가로, 세로 칼집을 넣어 준다.

❷ 슬라이스 치즈는 2등분으로 나누어 칼집을 낸 빵 사이에 넣어 준다.

❸ 빵 사이사이에 얇게 썬 쪽파를 올려 준다.

❹ 꿀을 빵 위에 적당히 뿌려 준다.

❺ 전자레인지에서 ⏰ 3분 가열해 준다.

❻ 꺼내어 파마산 치즈를 뿌려 완성한다.

★ 꿀 치즈 바게트 완성 ★

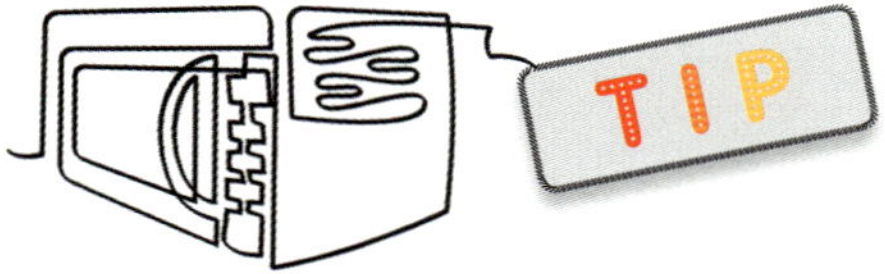

- 슬라이스 치즈 대신 모차렐라 치즈를, 파마산 치즈 대신 시즈닝 가루를 뿌려도 맛있답니다.
- 꿀이 없으면 시판하는 메이플시럽을 뿌려도 좋아요.
- 시판하는 시즈닝 가루는 감자튀김이나 나쵸 등에 뿌려 드시면 아주 맛있답니다.
- 전자레인지의 시간은 음식의 양에 따라 달라질 수 있으니 시간을 적절히 조정해 주세요.

저렴한 가격으로
손쉽게 만들 수 있는
집들이 음식

식빵으로 만든 밥 도그롤 5분

밥 도그롤 만들기

음식을 하다 보면 냉장고 속에는 늘 쓰다 남은 자투리 채소들이 가득 있다.
냉장고 속에 남은 재료들을 캡처해서 어떤 음식을 만들었을 때 그 맛의 조화를 생각하며 음식을 만드는 게 진짜 요리사가 아닐까?
남은 채소와 찬밥 그리고 먹다 남은 빵으로 만든 밥 도그롤은 소시지와 치즈의 조합은 말할 것도 없고, 밥과 빵이 만나 기분 좋은 쫄깃한 식감은 아이들의 한 끼 식사 또는 생일 상차림에도 어울리는 요리이며 바쁜 직장인 또는 학생들의 아침 식사 대용이나 간식으로도 전혀 손색이 없는 하루 종일 배가 든든한 요리다.
소풍이나 나들이 갈 때도 김밥 대신 밥 도그롤을 만들어보는 건 어떨까.

INGREDIENTS

당근 약간

파란 피망 1/2개

파마산 치즈가루 2큰술

슬라이스 치즈 4장

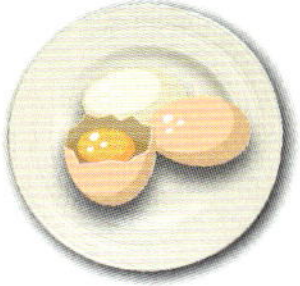

계란 2개

* 기타

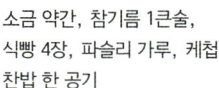

소금 약간, 참기름 1큰술,
식빵 4장, 파슬리 가루, 케첩,
찬밥 한 공기

RECIPE

❶ 당근과 피망은 잘게 다지고 참기름과 소금을 넣고 버무려 전자레인지에 2분 가열해 준다.

❷ 가열해준 채소를 꺼내어 찬밥과 파마산 치즈 가루를 넣고 버무려 준다.

❸ 식빵은 밀대로 납작하게 밀어준 후 가장자리를 자른다.

❹ 버무려 놓은 밥을 납작하게 만든 후 소시지를 넣고 둥글게 손으로 말아 준다.

❺ 위생 랩을 깔고 그 위에 밀어 놓은 식빵은 끝 부분 2cm 정도를 엇갈려 길게 펴준 후 슬라이스 치즈를 올려 준다.

❻ 풀어 놓은 계란에 파슬리 가루를 넣고 전체적으로 계란 옷을 입혀 준다.

★ 밥 도그롤 완성 ★

TIP

• 식빵을 말 때 위생비닐을 깔아 주고 10분 정도 그대로 놔두면 모양이 흐트러지지 않아요.
• 참기름을 많이 사용하게 되면 나중에 밥을 말았을 때 밥들이 잘 뭉쳐지지 않으니 기름은 약간만 사용하세요.
• 전자레인지 그릇에 종이 포일을 깔아 주면 빵이 달라붙는 걸 막아 준답니다.
• 밥을 기름에 볶지 않아 칼로리도 적고 이렇게 말아 두었다가 아침에 살짝만 데워 먹어도 맛있답니다.
• 전자레인지의 시간은 음식의 양에 따라 달라질 수 있으니 시간을 가감하여 가열해 주세요.
• 남은 자투리 빵은 마늘과 올리브유를 섞어 식빵 러스크로 만들면 아주 맛있어요.

기름없는 LTE 채소 잡채 만들기 5분

채소 잡채 만들기

잔칫상에 빠질 수 없는 음식 중 하나 잡채!
냉장고 속 남은 자투리 채소로 만들어 재료 준비에서 다 익혀 식탁에 나오는 시간까지 10분도 채 걸리지 않는 LTE 잡채다.
예전의 잡채는 채소와 고기를 기름에 볶아 느끼하게 만들었다면 LTE 잡채는 기름에 볶지 않아 저칼로리 조리법이라 트랜스지방의 위험에서 벗어날 수 있어 안심되는 요리이다.
만들기도 번거롭고 손이 많이 가는 잡채가 아닌 아주 간단하게 뚝딱 전자레인지에서 만들어 채소의 맛이 깔끔하고 아삭하고 식감과 색감이 아주 좋다.

INGREDIENTs

불린 당면 한 줌

파프리카 (빨강, 파랑, 노랑)

양파 1개

당근 1/4개

간장 3큰술

올리고당 2큰술 참기름

후추, 참깨 약간

RECIPE

❶ 당면은 미지근한 물에 한 시간 정도 불려 준비한다.

❷ 불린 당면을 전자레인지 그릇에 담고 간장, 후추, 올리고당을 섞은 양념장을 뿌려 준다.

❸ 채소는 가늘게 채를 썰어 당면 위에 올려 준다.

❹ 뚜껑을 덮고 전자레인지에서 5분 가열해 준다.

❺ 꺼내어 참기름과 깨를 뿌려 버무려 완성한다.

★ 채소 잡채 완성 ★

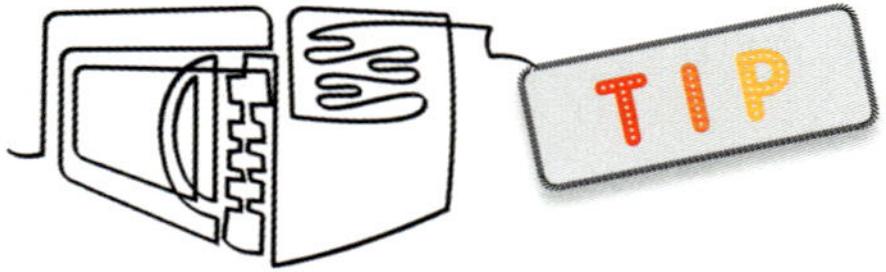

- 고기를 넣고 싶으면 밑간을 하여 30분간 재워 둔 다음, 당면 위에 골고루 펴서 올려 주면 된답니다.
- 식성에 따라 버섯이나 떡볶이 떡, 시금치 등을 넣어도 아주 맛있어요.
- 전자레인지의 시간은 음식의 양에 따라 달라질 수 있으니 시간을 조절해 주세요.

저렴한 가격으로
손쉽게 만들 수 있는
집들이 음식

콘플레이크로 만든 감자 크로켓 8분

감자 크로켓 만들기

먹다 남은 콘플레이크를 이용해 튀긴 것 같은, 튀기지 않은 저칼로리 감자크로켓이다. 기름에 튀기지 않아 느끼하지 않고, 칼로리가 적어 다이어트 하는 사람들에게도 좋은 음식이다.

포동포동한 감자의 식감과 채소 각각의 아삭함도 함께 살아 있어 먹는 동안 기분이 좋아지는 음식이다

콘플레이크를 튀김가루로 만들어 한 김 식혀 속은 부드럽고 겉은 바삭바삭한 감자 크로켓는 아이들과 특히 어른들에게 인기 있는 메뉴다.

불과 기름이 없어도 전자레인지에서의 튀김 요리도 거뜬히 할 수 있다.

INGREDIENTS

콘플레이크

파프리카
(빨강, 주황, 파랑)

양파 1/2개

오이 1개

감자 4개

올리브 오일 5큰술

* 기타

소금, 우유 약간

RECIPE

① 감자는 깨끗이 씻어 큰 것은 반으로 자르고 전자레인지 그릇에 담아 ⏰6분 가열해 준다.

② 콘플레이크는 그대로 봉지째 담아 밀대로 잘게 부숴 준다.

③ 익은 감자는 으깨고 채소는 소금에 절인 후 잘게 다져 준다.

③ 준비해둔 채소를 섞어 타원형 모양이나 둥근 모양으로 만들어 준다.

④ 잘게 부순 콘플레이크에 올리브 오일 5큰술을 넣고 골고루 섞은 후 ③을 넣어 골고루 가루를 입혀 준다.

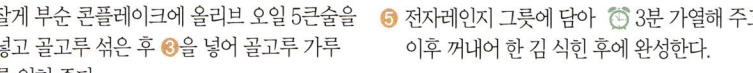

⑤ 전자레인지 그릇에 담아 ⏰3분 가열해 주고 이후 꺼내어 한 김 식힌 후에 완성한다.

★ 감자 크로켓 완성 ★

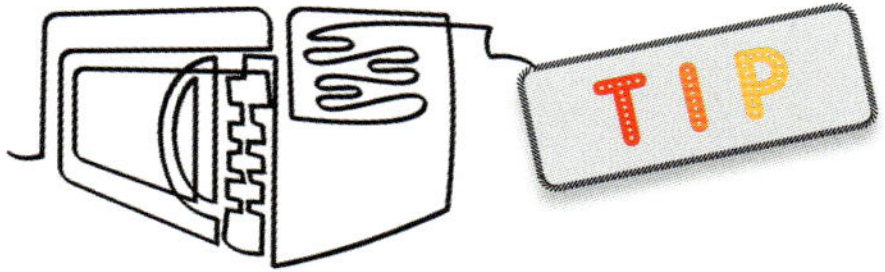

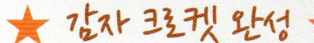

- 감자는 큰 것일수록 익는 시간이 길어질 수 있으니 작게 잘라 삶는 것이 시간을 아낄 수 있답니다.
- 다된 크로켓은 꺼내어 한 김 식혀보세요. 더욱 바삭하게 드실 수 있어요.
- 오이는 5cm씩 잘라 씨를 제거하시고, 소금에 살짝 절여 주시면 되며, 양파는 소금에 절여 준 후 물에 씻지 말고 그래도 물리를 짝 빼주세요.

  채소를 소금에 ⏰10분 이상 절이면 짜거나 아삭한 식감이 사라질 수 있으니 적당히 하셔야 해요.
- 먹다 남은 콘플레이크 많으시죠? 그것을 활용해보는 센쑤~
- 전자레인지의 시간은 음식의 양에 따라 달라질 수 있으니 시간을 가감하여 가열해 주세요.

시판 냉동 떡갈비로 만든 가지 소고기찜 3분

가지 소고기찜 만들기

냉장고를 열어 보았더니 유효기간이 간당간당한 냉동 인스턴트 떡갈비 두 조각!
그럴 땐 가지와 시판하는 데리야끼 소스만 준비하자.
인스턴트 떡갈비는 이미 양념이 되어 있어 양파와 함께 다져 데리야끼 소스만 섞어 가지 속에 넣어 주고 전자레인지에서 가열만 해주면 아주 그럴싸한 손님 접대 음식으로 변한다.
찜 요리라 해서 조금은 거창하다 생각할 수 있지만 이런 방법으로 만들어 상에 올리면 손님들의 젓가락이 바빠지는 음식이다.

INGREDIENTS

떡갈비 2조각

가지 2개

양파 1/4개

소불고기 양념장 4큰술

물 5큰술

깨소금

RECIPE

❶ 가지는 잘라 열십자로 칼집을 내어 소금물에 살짝 절여 준 후 손으로 살며시 물기를 짜준다.

❷ 양파는 잘게 다지고 떡갈비도 잘게 다진 후 소불고기 양념 4큰술을 넣어 골고루 섞어 준다.

❸ 물기를 짜낸 가지에 소를 쏙쏙 넣어주고 나머지 양념은 생수 5큰술을 넣고 가지 위에 뿌려 준다.

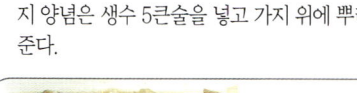

❹ 전자레인지 그릇에 넣고 전자레인지에서 ⏰ 3분 가열해 준다.

❺ 꺼내어 붉은 고추나 푸른 고추를 올려 깨소금을 뿌린 후 완성한다.

★ 가지 소고기찜 완성 ★

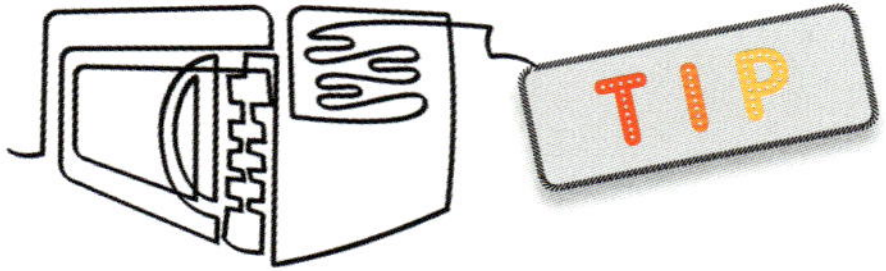

- 가지를 소금에 절인 후 물기를 짜주어야 양념이 쏙 밴 가지 소고기찜이 된답니다.
- 냉동된 떡갈비에 양념이 되어 있어 양념장은 조금씩 간을 보면서 추가해 주세요.
- 식성에 따라 버섯을 넣어 드셔도 맛있답니다.
- 전자레인지의 시간은 음식의 양에 따라 달라질 수 있으니 시간을 가감하여 가열해 주세요.
- 손님상에 올릴 때 청·홍고추를 올려주면 그럴싸한 손님 접대 음식이 된답니다.
- 시판 소고기 양념을 사용하면 다른 양념이 필요 없답니다.

PART9

맛있게 먹어도 살 안 찌는 다이어트 요리

내일부터 다이어트 시작!!

하지만 끼니마다 먹어야 하는 음식들은 대부분 기름을 섞어 무치거나 부치거나, 기름을 넣어 볶은 음식들이다.
그렇다고 매번 음식을 가려 먹을 수도 없는 일……

우리나라의 음식들을 보면 기름을 뺀 음식들이 대부분이지만 꼭 기름을 사용해야 먹을 수 있는 음식들이 있다. 예를 들어 계란 프라이나, 생선구이, 소시지를 프라이팬에 구울 때. 부침개나 전을 만들 때도 우리는 기름을 빼놓지 않고 사용하게 된다.

"다이어트 해야 해!"라며 선언하고 제일 먼저 부담스럽게 떠오르는 건 역시 왕성했던 '내 식욕을 어찌 조절해야 하나……'와 함께 또 운동을 병행해야 한다는 부담감이 먼저 엄습해오기 마련이다.

물론 운동과 식이요법을 동시에 병행하면서 하는 다이어트가 이상적인 방법이겠지만, 늘 먹는 음식이라도 조리법만 달리한다면 충분히 먹고 싶은 걸 먹으면서 스트레스 없는 다이어트를 할 수 있다는 것이다.

PART 9에서는 다이어트를 통해 부족할 수 있는 단백질 그리고 중요한 에너지원 탄수화물, 식이섬유, 비타민과 무기질이 풍부한 재료들을 위주로 기름을 사용하지 않고 전자레인지 조리법으로 맛있고 간편하게 기름을 두르지 않고 만들 방법들을 정리해 보았다.

맛있게
먹을 수 있는
다이어트 요리

닭가슴살 양파 볶음 4분

닭가슴살 양파 볶음 만들기

닭가슴살의 변신은 무죄!

버터의 고소한 맛과 양파의 달콤한 맛 그리고 버터에 구워 쫄깃한 마늘의 향까지 닭가슴살에 스며들어 약간 심심하면서 전자레인지에서 금방 볶아내어 육즙도 살아있어 부드러운 닭가슴살 양파 볶음이다.

별다른 양념 없이 약간의 버터로 맛을 내어 간단하면서도 담백하고 고소한 다이어터들의 한 끼 식사로 만들 수 있다.

INGREDIENTS

닭가슴살 100g

허브 솔트

버터 15g

양파 1/2개

마늘 10알

RECIPE

❶ 전자레인지 그릇에 편으로 썬 마늘과 버터를 올리고 전자레인지에서 2분 가열해 준다.

❷ 닭가슴살은 먹기 좋은 크기로 잘라 허브솔트를 뿌려 10분 정도 재워둔다.

❸ 전자레인지에서 ❶을 꺼내어 재워 두었던 닭가슴살과 양파를 올려 골고루 섞어 준다.

❹ 전자레인지에 ❸을 넣고 2분 가열해 준다.

★ 닭가슴살 양파 볶음 완성 ★

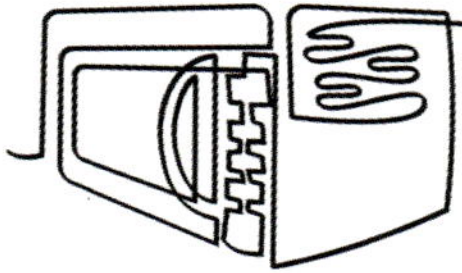

TIP

- 닭가슴살은 입맛이 예민한 사람들에게는 약간의 비린 맛이 날 수 있어요. 그래서 약간의 소금이나 후추로 또는 허브솔트로 밑간을 해주는 게 좋답니다.
- 버터를 좋아하지 않는다면 올리브유를 사용하셔도 좋습니다.
- 아빠들의 술안주로도 매우 좋답니다.
- 전자레인지의 시간은 음식의 양에 따라 달라질 수 있으니 시간은 적당히!!!

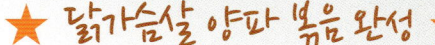

채소 조리가 필요없는 다이어트 채소 비빔밥 3분

채소 비빔밥 만들기

밖에서 사먹는 비빔밥의 칼로리가 약 600~700kcal (밥 300 + 계란 프라이 100 + 채소외반찬 150)이 되는 식단은 다이어트 중인 사람들에게는 바람직하지 않다.

칼로리를 반으로 줄였고,혼자 사는 싱글족들에게는 음식을 남기는 일이 없고 한끼 먹을 정도의 양만 만들 수 있으며 영양은 듬뿍 담은 저칼로리 다이어트 비빔밥이다.살찔 걱정도 없고,찬밥도 해결도니 1석 2조!!

지금까지 다이어트 때문에 비빔밥을 포기 했다면 이런 방법으로 만들어 보는건 어떨까?

INGREDIENTS

찬밥 1공기

콩나물 한 줌

시금치 약간

버섯, 당근

참기름

계란 노른자

비빔 고추장

RECIPE

❶ 모든 채소를 깨끗이 씻어 준비한다.

❷ 당근은 얇게 채를 썰고, 시금치는 씻어 반으로 자르고, 콩나물은 지저분한 꼬리를 떼어 낸다.

❸ 전자레인지 그릇에 찬밥을 골고루 담아 펴 준다.

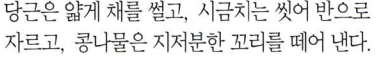

❹ 다듬어 놓은 채소를 밥 위에 보기 좋게 올린다.

❺ 전자레인지에서 ⏰ 3분 가열해 준다.

❻ 꺼내어 계란 노른자와 참기름을 넣고 시판 비빔 고추장으로 비빈다.

★ 채소 비빔밥 완성 ★

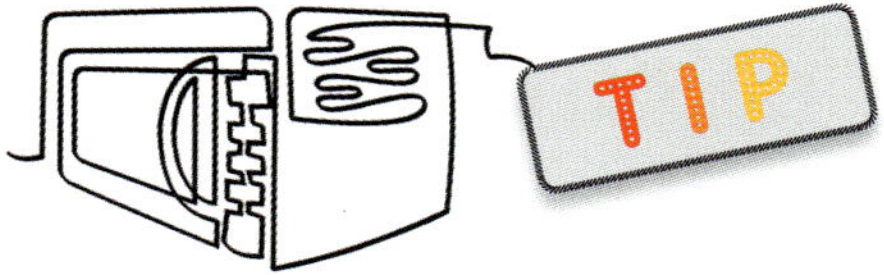

- 각자 기호에 맞는 채소와 버섯을 올려 만들면 더욱 예쁘고, 계란 노른자를 올리면 더더욱 맛있답니다.
- 전자레인지의 시간은 음식의 양에 따라 달라질 수 있으니 시간을 가감하여 가열해 주세요.
- 계란 노른자는 음식이 모두 완성된 후 곁들여 주셔야해요.

맛있게
먹을 수 있는
다이어트 요리

저칼로리 닭가슴살 동그랑땡 2분

닭가슴살 동그랑땡 만들기

다이어트 하면 제일 먼저 생각나는 식재료는 단연 닭가슴살이다.
비린내 나는 닭가슴살 때문에 지금까지 꾸준히 해온 다이어트를 포기하고 싶지 않다면?
칼로리도 줄이면서 더 맛있게 먹는 방법은 몇 가지 채소를 섞어 만든 닭가슴살 동그랑땡이다. 기름이 들어가지 않아 담백하고, 적당히 새콤달콤한 맛과 알록달록한 파프리카와 함께 곁들어 먹다 보면 입안과 내 몸이 상쾌해지는 느낌이다.

INGREDIENTs

닭가슴살 100g

당근

대파 다진 것

청양 고추 1개

기타 : 계란 2개, 미림 1큰술, 소금, 후추 약간, 종이 포일, 랩, 김발

소스 : 간장 1/2큰술, 식초 1큰술, 레몬즙 2큰술, 고춧가루 한 꼬집, 오렌지 주스 2큰술

곁들임 채소 : 노랑, 파랑, 빨강 파프리카, 브로콜리

RECIPE

❶ 닭가슴살은 미지근한 물에 깨끗이 씻어 믹서기에 곱게 갈아 준다.

❷ 당근, 양파, 대파, 청양고추는 잘게 다져 갈아 놓은 닭가슴살과 소금, 후추, 미림, 계란흰자를 넣고 손으로 치대 준다.

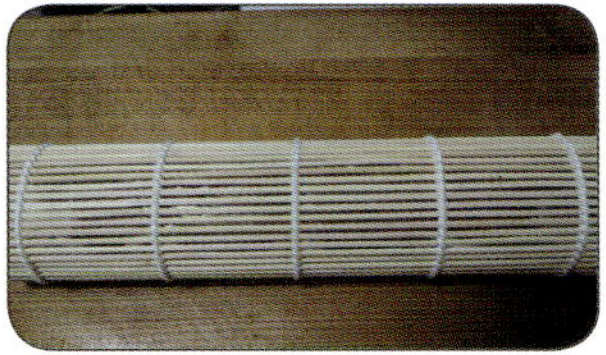

❸ 평평한 곳에 김발을 깔고, 랩을 적당한 크기로 잘라 김발에 씌운 후, 준비해 놓은 닭가슴살을 편편하게 깔아 김밥을 말 듯 말아 냉동고에서 3시간 정도 얼려 준다.

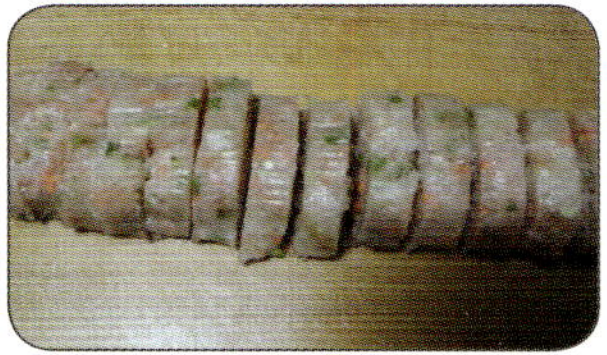

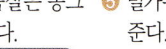

❹ 김밥처럼 완성된 닭가슴살은 동그랑땡 모양으로 썰어 준다.

❺ 밀가루를 입힌 후 계란 물을 입혀 준다.

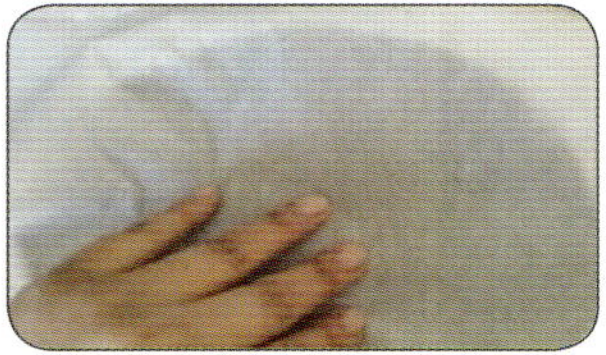

❻ 바닥이 평평한 전자레인지 그릇에 종이 포일을 깔아 준다.

❼ 계란물을 입힌 닭가슴살을 서로 붙지 않게 올려 준다.

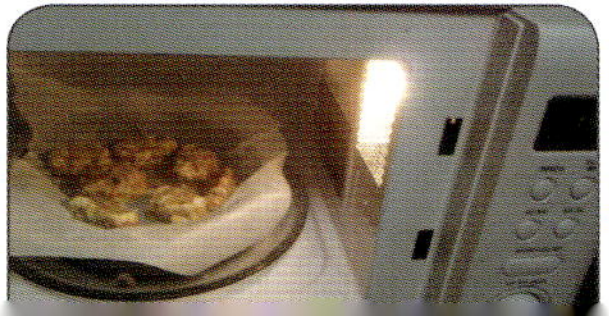

❽ 전자레인지서 1분 30초 가열 후 꺼내어 뒤집은 후 다시 30초 더 가열해 준다.

❾ 분량의 소스를 만들어 준다.

❿ 준비해 놓은 곁들임 채소 위에 닭가슴살 동그랑땡을 올리고 그 위에 소스를 뿌린다.

★닭가슴살 동그랑땡 완성★

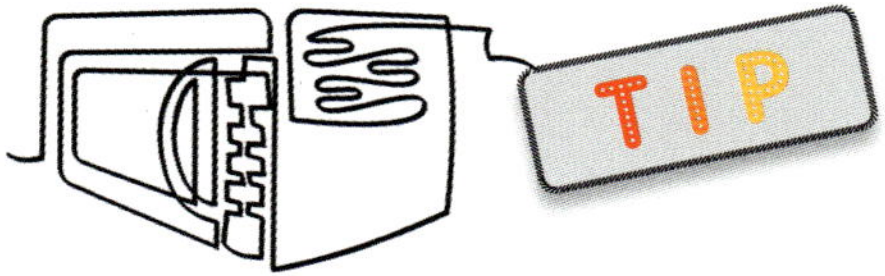

- 소스와 꼭 함께 드시길 추천합니다.
- 다른 동태전이나, 고기를 섞은 동그랑땡도 위와 같은 방법으로 만들어 보세요.
- 기름을 사용하지 않으니 종이 포일을 사용하면 잘 떨어진답니다.
- 음식의 양에 따라 시간이 달라질 수 있으므로 전자레인지의 시간은 적당히 가감해 주세요.

아침식사로 훌륭한 소시지 야채 구이 2분

소시지 야채 구이 만들기

다이어트하다 보면 입맛이 없어질 때가 있다.
그럴 때 식사 대용으로 좋은 소시지 야채 구이다.
양념을 전혀 하지 않은 각종 채소와 소시지의 짭조름한 맛, 채소의 신선함과 담백함이 동시에 어우러져 아침 식사 대용이라던가 다이어터들에게는 부담 없는 저녁 식사로 즐길 수 있는 상큼한 영양식이다.
기름과 불에 굽지 않아 타지 않고, 전혀 느끼하지 않으면서 적당히 익은 채소의 아삭한 식감까지 어우러져 특히 운동 식이요법이 필요한 분들에게 추천하는 메뉴이다.

INGREDIENTs

토마토 반 개

가지 1/3개

파프리카 1/2개 (빨강, 노랑)

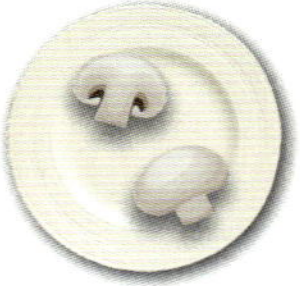

양송이 버섯 1개

후랑크 소시지 2개

브로콜리 약간

RECIPE

❶ 모든 채소는 깨끗이 씻어 먹기 좋은 크기로 잘라 전자레인지 그릇에 담아 준다.

❷ 후랑크 소시지는 칼집을 내어 채소 위에 올려 준다.

❸ 전자레인지에서 ⏰ 2분 가열해 준다.

★ 소시지 야채 구이 완성 ★

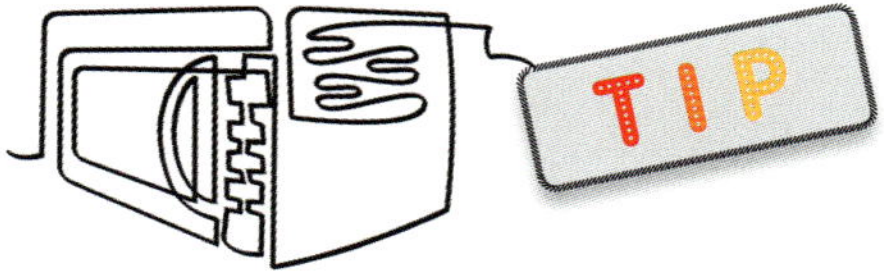

- 식성에 따라 발사믹 소스를 뿌려 드셔도 맛있고, 굽기 전 허브 솔트를 사용하면 더욱 맛있답니다.
- 소시지는 반드시 칼집을 내어 전자레인지에 넣어주셔야 합니다. 안 그러면 펑펑 터져요.
- 전자레인지의 시간은 음식의 양에 따라 달라질 수 있으니 시간을 가감해 가열해 주세요.

맛있게
먹을 수 있는
다이어트 요리

기름 NO! 불 NO! 계란 프라이 4분

계란 프라이 만들기

계란과 소시지로 4분이면 아침 식사 준비 완료!
전자레인지에서 돌려주면 바쁜 아침 부담스럽지 않은 한 끼의 식사해결!
기름에 부치지 않아 담백하고 또한 소시지의 짭조름함이 심심할 수 있는 계란에 간을 해 주어 소금간을 따로 하지 않아도 되는 계란 프라이랍니다.
바쁜 출근 준비로 아침을 못 드시는 분들의 초간단 아침 식사 대용!

INGREDIENTs

후랑크 소시지 2개

계란 2개

RECIPE

❶ 후랑크 소시지에 칼집을 내어 준다.

❷ 전자레인지에서 ⏰ 4분 가열 후 꺼내어 따로 준비해 둔다.

❸ 소시지를 구운 그릇에 달걀 2개를 깨어 넣고 포크나 이쑤시개로 노른자에 구멍을 내준다.

❹ 전자레인지에서 ⏰ 1분 10초 가열해 준다.

★ 계란 프라이 완성 ★

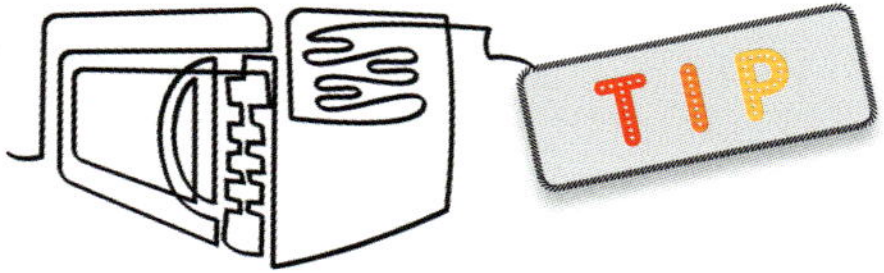

- 계란의 노른자는 꼭 포크나 이쑤시개로 터트린 후 전자레인지에 넣어 주세요.
- 종이 포일을 깔고 프라이를 하면 전자레인지 그릇에서 잘 떨어진답니다.
- 반숙 개당 ⏰1분, 완숙 개당 ⏰1분 10초~30초
  음식의 양에 따라 전자레인지의 시간이 달라질 수 있으니 시간을 가감해 가열해 주세요.

PART 10

갑작스러운 손님도 뚝딱! 특급 술안주

불금에 별다른 약속이 없어 집에 일찍 들어온 날 냉장고에 있는 반찬들을 꺼내어 한 끼 식사하면서 반주로 소주 한두 병을 비우게 되는 일이 많다. 밥이나 찬이 제대로 있는 것도 아니고 혼자 조촐하게 술 한 잔 마실 요량으로 안주를 거창하게 만들기도, 그렇다고 주문해 먹기도 가격이 만만치가 않다.
그래도 불타는 금요일인데 나름 가만있을 수 없지 않은가?

이럴 땐 '든든한 한 끼 식사도 되면서 맛있는 술안주를 내가 만들 수만 있다면 얼마나 좋을까?'란 생각을 하게 된다.

PART 10에서는 이런 싱글을 위한 간단하고 손쉽게 만들어 큰 지출 없이도 든든한 한 끼도 되면서 손님상에 내놓아도 전혀 손색이 없을 정도의 술안주들을 소개한다.

혼자 사는 내 집에 그 누가 찾아오더라도 자신 있게 내놓을 수 있는 음식, 집에서 자작하는 싱글족을 위한 레시피이다.

시간을 들여 정성껏 일주일 고생한 나를 위해서라도 이런 정성을 들이는 것도 정말 좋은 것 같다.

갑작스러운 손님도
뚝딱!
특급 술안주

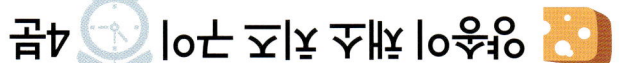

양송이 채소 치즈 구이 4분

양송이 채소 치즈 구이 만들기

불타는 금요일 저녁!!!

가끔은 집에서 불타는 금요일을 조용히 지내고 싶을 때가 있다.

그럴 때마다 뜬금없이 찾아오는 친구들도 있기 마련!!

친구들이 사온 맥주나 와인, 안주로 매우 잘 어울리는 것이 바로 양송이 채소 치즈 구이다.

버섯 속에 갖가지 채소를 넣고 파마산 치즈와 피자 치즈를 올려 전자레인지에서 간단하게 가열만 하면 기대 이상의 술안주가 완성된다.

INGREDIENTs

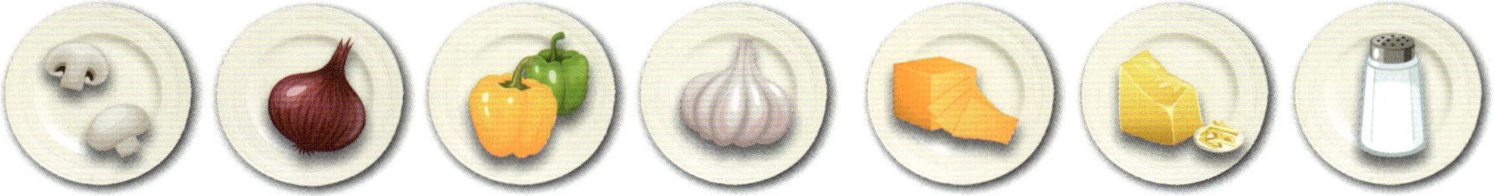

양송이 한 팩 / 양파 1/2개 / 파프리카 1/4개 (빨강, 노랑, 파랑) / 마늘 2알 / 파마산 치즈 가루 2큰술 / 모짤렐라 치즈 / 후추 약간

RECIPE

❶ 갖은 채소는 잘게 다져 주고, 양송이의 밑동을 떼어 잘게 다져 준다.

❷ 다진 채소 위에 파마산 치즈 가루와 후추를 넣고 버무려 준다.

❸ 전자레인지 그릇에 올리고 ⏰ 3분 가열한다.

❹ 양송이는 겉껍질을 벗기고 티스푼으로 버섯 안의 검은 부분을 긁어 내준다.

❺ 전자레인지에서 가열한 채소를 양송이에 넣어주고 그 위에 모차렐라 치즈를 뿌려준 후 전자레인지에서 치즈가 녹을 때까지 ⏰ 1분 가열해 준다.

★ 양송이 채소 치즈구이 완성 ★

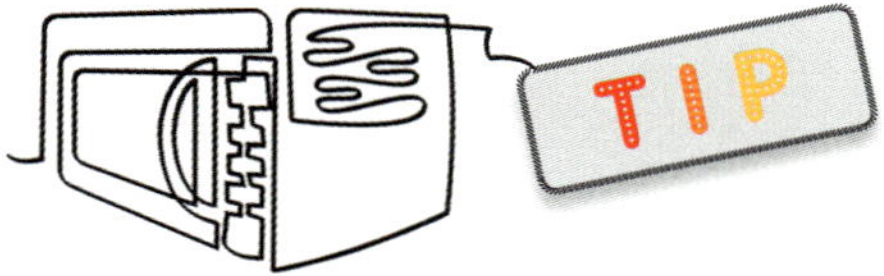

- 양송이의 검은 부분을 살살 긁어내 주어야 준비해둔 채소를 넣었을 때 속이 꽉 차게 잘 들어간답니다.
- 버섯을 전자레인지에서 오랫동안 가열하다 보면 너무 익어 물이 흥건히 되면서 흐물거릴 수 있으니까요, 치즈가 녹을 정도만 확인하고 꺼내어 주시면 맛있게 드실 수 있네요.
- 전자레인지 시간은 음식량에 따라 달라질 수 있으니 적절히 가열해 주세요.
- 시판하는 불고기 소스 양념을 사용하면 다른 양념이 필요 없어요.

갑작스러운 손님도
뚝딱!
특급 술안주

한 끼 식사로도 충분한 감자 베이컨 말이 4분

감자 베이컨 말이 만들기

저녁 식사 겸 안주로 만든 베이컨 감자 말이 이다.
마늘을 굵게 다져 레몬껍질과 허브솔트로 간을 하여 짜지도 않고 마늘의 알싸한 단맛과 레몬의 상큼함의 절묘한 조화를 이루어 베이컨의 느끼함을 확 잡은 그런 음식이다.
감자는 탄수화물이 주를 이루는 음식이지만 칼로리가 낮아 다이어트에 매우 좋으며 특히 당뇨병 예방에도 많은 도움을 준다.
포동포동한 감자와 짭조름한 베이컨이 어우러져 시원한 맥주 안주로 어울리는 감자 베이컨 말이 이다.
아이들의 밥반찬으로도 전혀 손색이 없다.

INGREDIENTs

베이컨 1팩

감자 2~3개

통마늘 4알

레몬 껍질 1/4개

허브 솔트

올리브 오일 2큰술

RECIPE

❶ 감자는 껍질째 깨끗이 씻어 웨지 모양으로 잘라 맑은 물에 한번 헹구면서 전분을 씻어내고 키친 타월로 닦아준다.

❷ 씻은 감자에 잘게 다진 마늘과 다진 레몬 껍질, 올리브 오일, 허브 솔트를 넣고 골고루 섞어 준다.

❸ 베이컨 위에 감자를 올리고 돌돌 말아 준다.

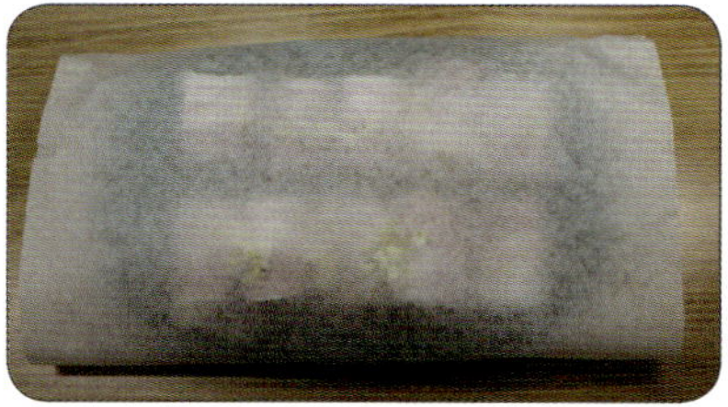

❹ 전자레인지 그릇에 재료를 올리고 남은 양념도 깨끗이 긁어 베이컨 위에 뿌려 준다.

❺ 종이 포일을 덮고 전자레인지에서 4분 가열해 준다.

★ 감자 베이컨 말이 완성 ★

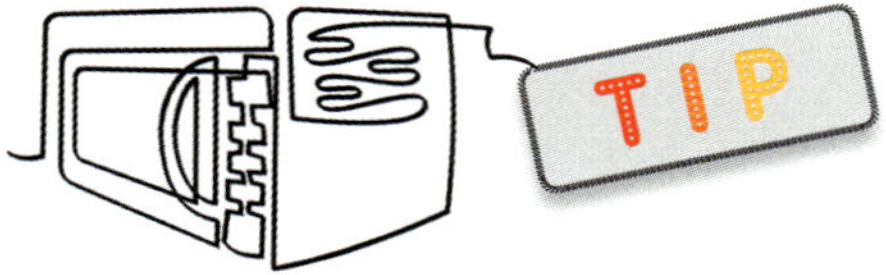

- 종이 포일을 덮어 주면 베이컨의 기름이 전자레인지에서 튈 염려가 없어 따로 청소하지 않아도 된답니다.
- 간이 심심하다 싶다면 허브솔나 시즈닝 가루를 좀 더 뿌려 주세요.
- 베이컨에서 나오는 기름이 많기 때문에 기름이 빠지는 골이 있는 전자레인지 그릇을 사용하면 더욱 좋아요. 없다면 평평한 전자레인지 그릇에 키친 타월을 깔고 그 위에 베이컨을 올려면 키친 타월이 기름을 흡수 한답니다.
- 시판하는 허브 솔트와 시즈닝 가루를 사용하면 더욱 맛있어요.
- 전자레인지 시간 조절은 필수입니다. 음식량에 따라 적절히……

갑작스러운 손님도
뚝딱!
특급 술안주

맥주 안주로 최고! 만두피 나쵸 6분

만두피 나쵸 만들기

맥주와 먹으면 딱 어울리는 안주로 혼술하는 싱글들에게 적극 추천하는 술안주다. 피자 시켜먹고 남은 피클을 버리지 않고 활용하여 만두피 위에 파프리카를 함께 올려 치즈를 뿌려 전자레인지에 가열만 해주면 아이들의 간식으로도 좋지만 약간은 짭조름하고 바삭해서 어른들의 맥주 안주로 아주 잘 어울린다.

멋스런 안주 만들어 시원한 맥주 한잔이면 싱글들에겐 이보다 더 행복할 순 없다.

INGREDIENTs

만두피

파프리카

피클

스파게티 소스 또는 케첩

RECIPE

❶ 남은 피클과 파프리카는 잘게 다져 준비한다.

❷ 다진 ❶에 스파게티 소스 또는 케첩을 섞어 골고루 버무려 준다.

❸ 평평한 곳에 만두피를 깔고 그 위에 양념한 ❷를 올려준다.

❹ 전자레인지 그릇에 서로 겹치지 않도록 올리고 모차렐라 피자를 올린 후 전자레인지에서 ⏰2분 가열해 준다.
처음 ⏰2분 + 실온에 ⏰10분 정도 놔두었다 다시 ⏰2분 + 실온에 놔두었다 다시 ⏰2분을 세 번 반복해 가열해 준다.

★ 만두피 나쵸 완성 ★

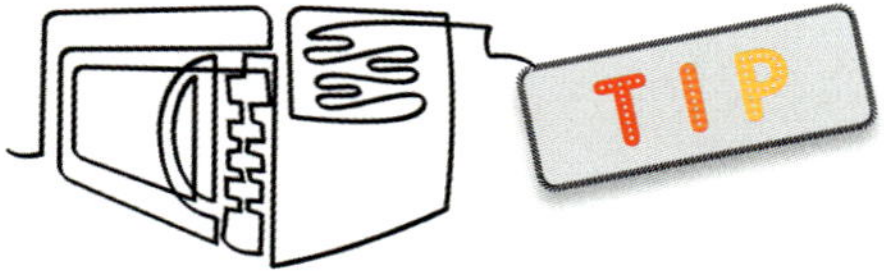

- 피클과 채소가 없으면 생략하고 소스와 치즈만 올려 가열해도 맛있는 만두피 나쵸가 완성이 된답니다.
- 전자레인지 가열 횟수를 지켜주세요.
- 시판하는 스파게티 소스나 피자 소스를 사용하시면 더욱 편리하고 맛있어요.
- 전자레인지 시간은 음식량에 따라 달라질 수 있으니 적절히 가열해 주세요.

갑작스러운 손님도
뚝딱!
특급 술안주

전자레인지 마법의 닭 날개 3분

마법의 닭 날개 만들기

불금의 술안주로 절대 빠지지 않은 것이 바로 치맥! 하지만 주문해 먹자니 얼마 되지 않는 양의 닭 날개.
늦은 밤 치맥이 생각날 땐 기름에 튀기지 않은 칼로리 걱정 없이 담백하게 먹을 수 있는 닭 날개 튀김을 만들어 보자.
콜라젠이 많은 닭 날개의 쫄깃한 식감을 그대로 살린 구이 음식이라 할 수 있다.
기름에 튀기지 않아 보다 건강하게 먹을 수 있는 닭요리다.

INGREDIENTS

닭 날개 8개

미림 2큰술

소금, 후추 약간

시판용 마법의 가루 1큰술 반

RECIPE

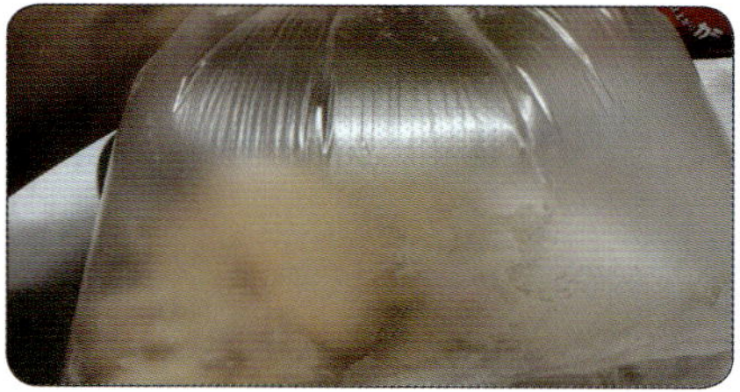

❶ 닭 날개는 미지근한 물에 여러 번 씻어 불순물을 제거하고 미림 2큰술, 소금 약간, 후추로 비린 맛을 제거해 준다.

❷ 준비한 닭 날개는 물기를 제거하고 위생 비늘에 마법의 가루를 넣은 후 닭 날개에 가루가 골고루 묻게 봉지를 손으로 잡고 흔들어 준다.

❸ 전자레인지 그릇에 키친 타월을 깔고 닭 날개가 서로 붙지 않게 올린 후 전자레인지에서 ⏰ 3분 가열해 준다.

★ 마법의 닭 날개 완성 ★

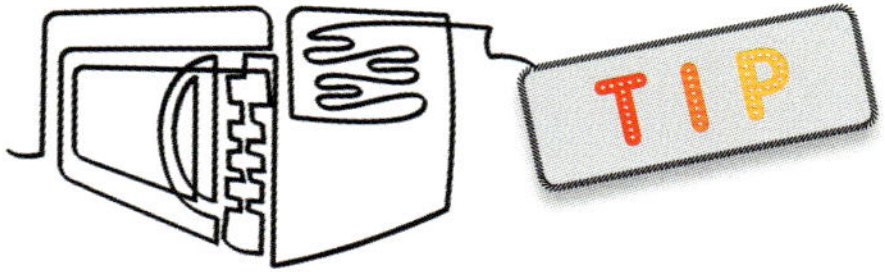

- 전자레인지에서 바로 꺼내어 다른 접시에 옮겨 담아야 키친 타월에 달라붙지 않아요.
- 마법의 가루는 인터넷이나 대형마트에서 구할 수 있답니다.
- 닭 다리, 윙 부위도 위와 같은 방법으로 요리할 수 있어요.
- 닭 다리는 육질이 다른 부위에 비해 두껍기 때문에 조리 전에 포크로 여러 곳을 찔러 요리하는 게 좋습니다.
- 음식량에 따라 전자레인지 시간을 조정해 주세요.

갑작스러운 손님도
뚝딱!
특급 술안주

시판 양념장 하나면 OK!

소고기 호두 장조림 10분

호두 장조림 만들기

아이들의 밥반찬으로도 아주 좋고 특히 맥주 안주로 정말 훌륭한 호두 소고기 장조림이다.
호두는 생김새가 사람의 뇌와 비슷하다고 해서 그 효능 또한 치매 예방에 좋고 한다. 또 아이들의 두뇌를 명석하게 한다니, 아이가 있는 가정에서는 자녀들에게 적당량을 섭취해 주는 것도 좋을 듯하다. 아이들 도시락 반찬으로도 추천하고 싶은 음식이다. 만드는 방법이 거창하지 않고 시판하는 불고기 소스 하나만 있으면 다른 양념이 없이도 아주 간편하게 만들 수 있다.

INGREDIENTS

소고기 간 것 100g

호두

불고기 양념 소스

양파 1/2개

쪽파 약간

RECIPE

❶ 호두는 전자레인지 그릇에 넣은 후 물을 붓고 5분간 삶아 불순물을 깨끗이 없애준다.

❷ 볼에 다진 소고기, 다진 파, 시판용 불고기 양념장 7큰술을 넣고 버무리다 손질해 놓은 호두를 넣고 함께 버무려 준다.

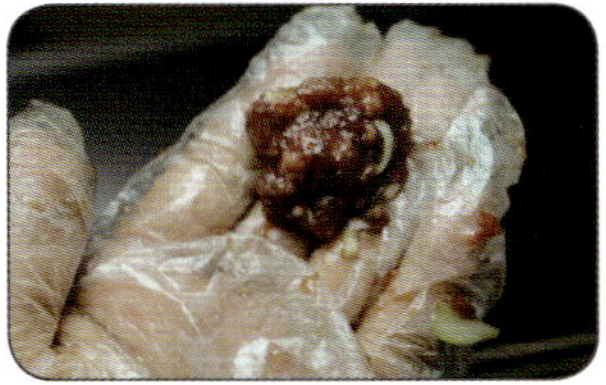

❸ 호두 한 알을 고기가 감싸준다는 느낌으로 만들어 준다.

❹ 넓은 전자레인지 그릇에 올려 전자레인지에서 ⏰5분 가열해 준다.

★ 호두 장조림 완성 ★

TIP

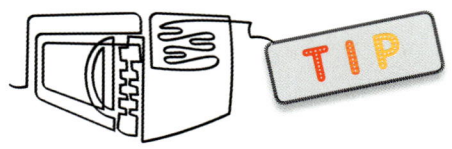

- 완성 후 통깨를 솔솔 뿌려 식탁에 올리세요.
- 호두는 조리 전 호두가 잠길 정도까지 물을 붓고 전자레인지에서 5분 정도 가열하면 호두에 붙어있는 불순물들이 깨끗하게 없어지네요.
- 삶은 호두는 물기를 닦아 기름을 두르지 않은 펜에 습기가 없어질 정도로 볶아 조리하게 되면 고소함이 더욱 풍부한 호두가 된답니다.
- 시판하는 불고기 양념 소스를 사용하시면 더욱 편리하겠죠?
- 전자레인지 시간 조절은 음식량에 따라 꼭!!!

PART 11

기본 채소 데치기

유해 세균과 바이러스를 없애기 위해 음식을 익혀 먹어야 하는 인류에게는 불은 없어서는 안 되는 최고의 선물이다

하지만 안 좋은 점은 더운 여름에 불 앞에서 음식을 해야 한다는 것, 또는 채소를 삶거나 데칠 때는 물을 끓이는 시간이 길고, 끓는 물에 채소를 삶거나 데치면 우리 몸에 이로운 영양소들이 대부분 빠져나간다는 것이다.

하지만 전자레인지에서 삶고 데치는 일은 시간도 절약될 뿐 아니라 물기를 털지 않은 채로 전자레인지에서 2~3분만 가열해 주면 간단하게 삶을 수 있다.

이렇게 전자레인지에서 데쳐준 채소는 끓는 물에 데친 채소에 비해 수용성 영양소 손실도 적고 아삭아삭한 식감까지 살아 있다.

RECIPE

쑥갓 (100g) 물에 씻어 물기를 털지 말고 전자레인지에서 ⏰ 2분 가열

콩나물 (200g) 물에 씻어 물기를 털지 말고 전자레인지에서 ⏰ 3분 가열

부추 (100g) 물에 씻어 물기를 털지 말고 반으로 접어 ⏰ 1분 30초 가열

시금치 (105g) 물에 씻어 물기를 털지 말고 두꺼운 부분은 반으로 잘라 엇갈린 후 전자레인지에서 ⏰ 3분 가열

브로콜리 (200g) 물에 씻어 물기를 털지 말고 전자레인지에서 ⏰ 2분 가열

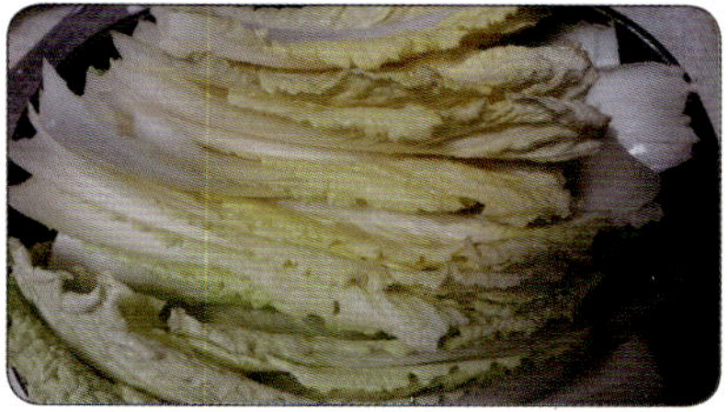

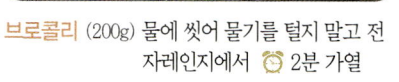

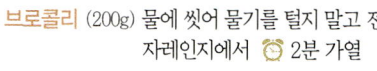

배춧잎 (1통) 물에 씻어 물기를 털지 말고 잎 부분과 두꺼운 줄기 부분을 엇갈리게 넣어 ⏰ 7분 가열

양배추 (1/4통) 뿌리 쪽 두꺼운 심을 제거하고 잎과 줄기를 교차하여 듬성듬성 겹치게 쌓아 ⏰ 4분 가열

가지 (2개) 꼭지를 잘라 반으로 길게 잘라 전자레인지에서 ⏰ 4분 가열

숙주 (1봉지) 흐르는 물에 씻어 전자레인지에서 ⏰ 5분 가열

청경채 (4포기) 물에 씻어 전자레인지에서 ⏰ 2분 가열

불 없이 뚝딱!

전자레인지만 있으면

내가셰프